惊雷

JING LEI

小岗大包干的生成逻辑
与时代价值研究

李邦松 / 著

中央党校出版集团
国家行政学院出版社
NATIONAL ACADEMY OF GOVERNANCE PRESS
·北京·

图书在版编目（CIP）数据

惊雷：小岗大包干的生成逻辑与时代价值研究 / 李
邦松著 . -- 北京：国家行政学院出版社，2024.8.
ISBN 978-7-5150-2930-6

Ⅰ. F320.2

中国国家版本馆 CIP 数据核字第 2024D06L13 号

书　　名　惊雷：小岗大包干的生成逻辑与时代价值研究
　　　　　　JINGLEI：XIAOGANG DABAOGAN DE SHENGCHENG
　　　　　　LUOJI YU SHIDAI JIAZHI YANJIU
作　　者　李邦松　著
责任编辑　陈　科　陆　夏
责任校对　许海利
责任印刷　吴　霞
出版发行　国家行政学院出版社
　　　　　　（北京市海淀区长春桥路 6 号　　100089）
综 合 办　（010）68928887
发 行 部　（010）68928866
经　　销　新华书店
印　　刷　北京九州迅驰传媒文化有限公司
版　　次　2024 年 8 月北京第 1 版
印　　次　2024 年 8 月北京第 1 次印刷
开　　本　170 毫米 × 240 毫米　16 开
印　　张　10.25
字　　数　112 千字
定　　价　38.00 元

本书如有印装问题，可联系调换，联系电话：（010）68929022

序

众所周知，中国改革是从农村改革开始起步的，而安徽省是中国农村改革的先行者，滁县地区（现为滁州市）是安徽农村改革的主战场，小岗村是中国农村改革的主要发源地。小岗大包干是中国农村改革关键节点发生的关键性事件，影响深远。与历史上许多重大改革一样，小岗大包干引发的问题要比它直接解决了的问题更为广泛、更为深刻、更为持久。当今中国是一个全面深化改革的中国，当今世界是一个不断深刻变化的世界。改革话题历久弥新，这本《惊雷》就是研究小岗大包干的一部新的力作，为我们认识这段历史提供了重要参考。

通过与该书作者交流，了解到该书写作的重要背景，也即作者创作该书的动机。

第一，习近平总书记亲临小岗村考察并召开中国农村改革座谈会，阐述了一系列关于改革创新发展的重要理论原则，提出了一系列引领未来前进方向的战略思想，为研究小岗大包干提供了新的理论支撑。2016年4月25日下午，习近平总书记亲临小岗村考察时明确指出："当年贴着身家性命干的事，变成中国改革的一声惊雷，成为中国改革的标志""小岗村是中国农村改革的主要发源地"。"惊雷""标志""主要发源地"等词汇毫无疑问地表达了对小岗大包干创举历史地位的充分肯定。

第二，自2021年全党开展党史学习教育以来，对改革开放史的研究必不可少。对中国改革特别是农村改革发生的关键节点、关键事件的研究吸引了作者的目光，作者亲身经历过这个关键时期，置身于这个关键事件的主要发生地（小岗村），作为一名长期从事党史教学研究的教师深感加强对小岗大包干的研究责无旁贷。

第三，习近平总书记多次强调要树立大历史观，坚持正确党史观，为我们研究历史、历史事件提供了新的世界观、新的历史观和新的方法论。如何以大历史观为指导，从更长时间视野、更宽空间格局、更高人民情怀、更深细微层次去观察小岗大包干，再次探究其发生的内在动力、社会肌理，再次审视当年围绕着它发生的社会众议、理论争议、政策博弈等，从而正确认识和把握历史发展的主题、主线、主流和本质，就很有必要。

第四，在庆祝中国共产党成立100周年大会上，我们党总结提出了伟大的建党精神。中国共产党百年辉煌的一个关键内因，是拥有、传承和不断弘扬伟大的建党精神，并且在不同历史时期创造出新的红色精神，汇聚成红色精神谱系。基于学习和弘扬伟大的建党精神的目的，安徽省哲学社会科学规划办公室发布了专项课题。该书作者以"小岗大包干的生成逻辑与时代价值研究"为课题，开展了近两年时间的专门研究。本书的基本内容就是该项课题研究的主体报告。

粗线条地浏览全书，不难发现该书与以往研究小岗大包干的著作的不同之处，也即本书的特色所在、价值所在。

一是崭新恰当的研究方法。作者运用大历史观的研究方法，并不局限于"1978年的小岗村",也不局限于"小岗村的1978年",而是从1949年新中国成立以来的长历史时段来溯源,并从所在县、地区、省、全国四个空间格局,分别从凤阳县农村改革发展、滁县地区(现为滁州市)农业改革发展、安徽省农业农村改革发展、中国农业农村改革发展等多重空间格局来审视和分析小岗大包干,进行拓展性观察,真正给予"小岗大包干"一个立体的历史定位,以达到正确认识中国农村改革的逻辑起点的目的。

二是系统全面的理论性探讨。与以往关于小岗大包干的众多著作偏重于历史事件的回顾、回忆、访谈、纪传等著述方式不同,该书偏重于理论性探讨。特别是深入挖掘并系统全面地分析了小岗大包干之所以发生的自然地理、历史人文、生存发展、村民主体、红色基因传承,以及中国共产党的初心使命等多重生成逻辑。

三是客观公正的历史评述。自改革开放40余年来,围绕改革的争论一直没有停止过,而改革就在议论、争论中不断推进,全面深化。同样,自小岗大包干创举被曝光并为人们熟知以来,关于大包干的内涵意义、历史价值、蕴含的精神品格等问题也是一直处于探讨之中,甚至多次处于历史的风口浪尖,引发人们的热议。本书坚持运用大历史观,细致入微地分析了小岗大包干到底蕴含了怎样的精神品格,特别是其蕴含的实践主题、时代主旨、价值主导,并认真分析了这些精神品格对于我们今天实施乡村振兴战略、推动乡村全面振兴所具有的更加鲜活、更有活力、更加凸显的时代价值。

当然,受到各方面条件的限制,或是作者研究的深度有待进一步深化,或是限于篇幅,该书对包括小岗大包干在内的全国各地农村改革突破情况的历史研究还有待进一步加强,对如何看待当年的大包干创举与如今的大力推动乡村新型合作化、产业化发展之间的关系等现实问题的研究稍显不足，这也给了我们新的期待，期待作者有新的力作。

胡忠明

2024年4月

目 录

第二章　逻辑起点的认定逻辑和发生逻辑

第三章　小岗大包干创举蕴含着宝贵的精神财富

导论：树立"大历史观"

习近平总书记在庆祝中国共产党成立100周年大会上的重要讲话中特别指出："要教育引导全党胸怀中华民族伟大复兴战略全局和世界百年未有之大变局，树立大历史观，从历史长河、时代大潮、全球风云中分析演变机理、探究历史规律，提出因应的战略策略，增强工作的系统性、预见性、创造性。""树立大历史观"的要求一经提出，便引起各界的高度关注，这是我们党在历史观方面的一个重大理论创新成果。

历史观，又叫社会历史观，是指人们对社会历史的根本观点、总的看法，是世界观的重要组成部分，并与人生观、价值观、政绩观、事业观、家庭观等密不可分。同时，历史观又为人们认识历史、分析历史、创造历史提供方法论指导。

习近平总书记的大历史观是基于对唯物史观的继承与创造，辩证唯物主义和历史唯物主义是其哲学基础；同时，它又是特别紧密结合当代世界和当代中国发展实际而提出的，是我们认识历史现象、分析历史事件、探索历史规律、掌握历史主动、开创新的历史伟业的根本指导。大历史观内涵丰富，有专家提出，其有四层基本含义。一是在时间上，它跳出一定历史阶段，把历史阶段放在过去、现在、未来的大历史长河中来把握，这是长远史观；二是在空间上，它跳出一定历史空间（或历史局部），从世界历史发展进程看历史空间（历史局部），这是世界史观；三是在主题上，它跳出历史片段、历史细节和历史碎片，用历史主题把历史片段、历史细节、历史碎片统领起来，这是整体史观；四是在本质上，它跳出历史现象，走向历史深处，分析历史演变机理，抓住历史本质，探究历史规律，这是规律史观。[①]

大历史观，顾名思义，其核心要义在于其"大"，即以大视野观察大世界，以大格局把握大趋势，以大情怀谋划大事业，以大本源认识大本质。具体来看，以大视野观察大世界，就是要坚持放眼更长时间段（相对于中时段、短时段而言）而不拘泥于具体时间节点，来观察更大范围内的事物发展变化而不拘泥于某个事件、某个现象本身；以大格局把握大趋势，就是要坚持放眼更宽视域、更大格局来认识和把握事物发展的历史规律和趋势走向；以大情怀谋划大事业，就是要坚持人民主体地位，从实现"现实人"的自由而全面发展这个价值追求出发，研究真问题，来推动社会的政治、经济、文化、社会、生态等全面进步，来谋划中华民族伟大复兴大业，谋划世界人民发展进步事业，助推人类历史向前发展；以大本源认识大本质，就是要坚持以马克思主义、马克思主义中国化时代化理论成果，特别是习近平新时代中国特色社会主义思想这个"大本大源"为根本指导，来正确把握历史发展的主题、主线、本质和主流。

运用大历史观看待"三农"问题、全面推进乡村振兴，是习近平总书记提出的一个基本要求。2020年12月，他在中央农村工作会议上

---

① 韩庆祥：《以大历史观理解和把握伟大建党精神与精神谱系》，《中国社会科学报》2021年7月29日。

所作的题为《坚持把解决好"三农"问题作为全党工作重中之重，举全党全社会之力推动乡村振兴》的讲话中，特别指出："我们要坚持用大历史观来看待农业、农村、农民问题，只有深刻理解了'三农'问题，才能更好理解我们这个党、这个国家、这个民族。"这一重要论述提醒我们，研究中国农村改革发展问题，大历史观是一个根本的世界观导向、一个根本的方法论、一个重要范式。

小岗大包干是中国农村改革关键节点发生的关键性事件，影响深远。运用大历史观探析小岗大包干，在时间视野上，要坚持把它放进长时段里观察，要往前拓展到新中国成立之后，还要往后拓展到45年来的改革开放发展史、未来农村改革发展史中把握，而绝不仅仅局限于"小岗村的1978年"；在空间视野上，要坚持从凤阳县、滁县地区（现为滁州市）、安徽省、全国乃至世界历史时代主题变换等多重视角、更大空间认识它，而绝不仅仅局限于"1978年的小岗村"；在主体研究上，要坚持以人为本，充分认识人这个最活跃的因素，特别是以小岗村农民为代表的中国农民的主体地位的体现和主体作用的发挥，同时，要充分认识各级党组织的关键性引领作用和决策功能；在研究路径上，必须坚持以马克思主义中国化时代化最新理论成果为根本指导，既要探寻农业大包干带来的物质成果和制度成果，更要探寻它蕴含的精神文化产品和思想理论成果。

第一章　小岗大包干：中国农村改革的逻辑起点

精神源自实践，小岗大包干蕴含的精神品格源自小岗大包干的实践壮举。运用大历史观分析小岗村民的实践壮举，首先需要以小岗村1978年按下红手印、首创大包干为时空基点，在时间和空间上进行双向延伸、立体拓展，实现更深远的历史溯源，更宽广的角色定位和功能认知。本章从1949年新中国成立以来的长历史时段来溯源，并分别从所在县、地区、省、全国四个空间格局进行拓展性观察，达到正确认识中国农村改革的逻辑起点的目的。

一、从凤阳县农村改革发展视角审视小岗大包干

（一）初级社时期的"包工制"

凤阳县是1949年1月获得解放的。从1949年到1955年，从广大农民分得土地到互助组、再到初级社的7年间，农业生产得到了较大幅度的发展，粮食总产量由1949年的9900万斤，上升到26266万斤，增长了163%；油料总产量比1949年增长了853%，达到827万多斤；农业总产值比1949年增长了108%，达到3619万元。人均占有粮食达到800多斤，解决了凤阳人民梦寐以求的温饱问题，农民生活发生了翻天覆地的变化，特别是农民成为新社会主人，其精神状态焕然一新。这物阜民康的7年，被凤阳农民称为社会主义革命和建设时期的"黄金时代"。

土改后的凤阳，由于生产条件极为落后，并时有自然灾害威胁，因此，绝大多数农民既有发展个体经济的积极性，又有互助合作的现实要求。地方政府积极引导农民成立农业生产互助组。实践证明，大部分互助组比之前的单干有较大的比较优势，受到农户的欢迎，互助组数量从1950年的几百个发展到1952年的4723个，占总农户的41.5%。

1952年11月，凤阳县委发出《为试办农业生产合作社的通知》。从此，凤阳农业生产开始由互助组进入初级社时期。互助组是建立在土地私有基础上的，土地、耕畜、大型农具等归农户个体所有，只按

照各户的生产要求从事互助性共同劳动。初级社是社员的私有土地作股入社,实行统一经营,耕畜、大型农具等也入社统一使用,或者作价归社;社员参加集体劳动,并按照劳动和入社土地的数量和质量,以社为单位进行统一分配。可见,初级社是中国农村由个体经济转变为集体经济的过渡形式。到1954年,凤阳县农业合作化运动就已经暴露出一些带有普遍性的问题,一是违背"农民自愿"原则,以强迫命令代替说服教育;二是违背折价入社办法,强行剥夺农民的生产资料;三是管理经验严重缺乏,组织、生产、财务严重混乱;四是"集体劳动、统一分配"的生产经营方式成为合作社的最大难题,评工记分方式不论是"死分死记"还是"死分活评",都不可避免地引发社员间的尖锐矛盾。

为了避免"集体劳动、统一分配"生产经营方式带来的混乱,解决评工记分产生的矛盾,当时产生了一种非常有意义的农业生产责任制形式——"包工制"。"包工制"由凤阳城西乡党支部于1954年创造,即党支部6名委员实行包社、包队、包组责任制,在分配上采用"土四劳六"的比例进行秋收分配,积极推广小麦优良品种,获得了大丰收。1955年6月,凤阳县委农村工作部以《一个值得推荐的模范党支部》为题,对此进行总结汇报,并得到了毛泽东同志的亲自评价:"这个支部的工作路线,无论从哪一方面来说都是正确的,值得向一切在农村工作的同志推荐。这就是马克思主义的创造性的工作精神和工作方法。"[①]从今天的角度来看,此"包工制"和20年后出现的大包干都采用了

---

① 中共中央文献研究室编《建国以来重要文献选编》第七册,中央文献出版社1993年版,第222页。

"包"的手段，只不过"包"的形式和程度不同。"包工制"虽然只是农业生产责任制中的一种低级形式，但是它解决了初级社内部生产组之间记工标准不一致的矛盾，使生产组在初级社总的要求下从事生产劳动。"包工制"还减少了初级社领导的工作量，发挥了生产组的灵活性和主动性，加强了社员生产的责任心，在一定程度上体现了按劳分配、多劳多得的分配原则，所以，"包工制"这种生产责任制形式得到了农民群众的拥护。

可以说，"包工制"是大包干诞生的种子。自此，"集中劳动、统一分配"的生产经营方式带来的苦果，与"包工制"这种生产责任制的种子，恰好同时下土，它们在社会主义制度的土壤里一直在争肥夺土，激烈斗争，直到1978年农村改革，"包工制"的种子在凤阳的土地上终于长成了参天大树，结出了大包干的硕果。

（二）高级社时期的"三包一奖"

从1955年下半年起，随着全国性的合作化高潮突然到来，原计划15年完成的合作化，凤阳仅用4个月就实现了高级社化。由于它根本上超越了生产力发展水平，且严重违背了"循序渐进"的发展规律，所以，自诞生之日起，就问题重重。一是土地无偿入社，农民收入减少，相当一部分农民入社的思想问题没有真正解决；二是规模大小不一，严重失调；三是集体经济极为薄弱；四是采用"集中经营、集中劳动、统一分配"的苏联集体农庄生产方式。由于干部管理水平、农民觉悟水平跟不上等原因，造成了生产上的"瞎指挥"、管理上的"大呼隆"、分配上的"吃大锅饭"等现象，严重影响农民生产积极性，甚至于出现退社风潮。

为了解决上述种种问题，1956年4月，凤阳县委在《关于加速推行包工包产的意见》中提出"为了做好整顿巩固农业社的工作，建立健全农业社的生产责任制，克服社内生产混乱现象，必须在做好当前生产的前提下，在所有农业社内加速推行包工包产制"。"包工包产"具体有"细包""粗包"和"先包工后包产"三种办法。小溪河区山河社则是在"细包"的基础上进一步实行"包产到队、分户管理"生产责任制，在"包"的程度上、"包"的范围上更大且直接到户。

（三）人民公社化运动中的"包产到户"尝试和责任田兴亡

从1958年下半年起，中共中央提出社会主义建设总路线、"大跃进"和人民公社化运动接踵而至，给农村和农业生产带来极大破坏。其间，凤阳县时任县长赵从华在自己直接管辖的地区偷偷地推行农业生产责任制：在殷涧乡青山大队，将核算单位由生产大队转为生产小队；在东方红公社津淮大队，把2000亩山芋地分给社员，谁收归谁有，抵作口粮；在西泉大队，将胡萝卜地分到户耕种，产量归户，算作口粮。这实际上就是早期的包产到户生产责任制。[①]

人民公社化和"大跃进"运动严重挫伤了凤阳的社会经济基础，加上三年自然灾害，造成农业生产急剧下降，土地荒芜、人畜锐减。凤阳农村普遍出现了荒、饿、病、死、逃的现象，1958年凤阳县全县人口402700人，到1961年，人口下降到245262人，净减少157438人，

---

① 资料来源：凤阳县档案馆。

减少39%。全县死绝2404户，消失村庄27个，孤寡老人1580人，孤儿3304人。1960年全县荒田53.7万多亩，占耕地总面积的38.1%，到处是青蒿遍野的荒芜景象。[①]1961年3月，中共安徽省委制定出"包产到队，定产到田，责任到人"的田间管理责任制加奖励的政策，俗称"责任田"。根据省委政策精神和本县实情，凤阳县委于1961年9月出台《试行田间管理责任制加奖励的办法》，从"定产、划分责任田、定工、记工、耕畜农具固定到组专人使用、奖赔"等方面对责任田的具体做法进行细化。实行责任田仅仅一年时间，就显示出巨大威力，1961年全县粮食总产量达到1.3万斤以上，比上年增产33%。可惜的是，1962年3月以后，责任田被强行要求纠正。但是纠正过程引发了大辩论，凤阳群众不愿意放弃这种"救命田"，或明或暗继续坚持。

（四）凤阳家庭联产承包责任制的创建

1956年到1978年的23年间，由于"左"倾错误影响，凤阳农业生产不进反退。据统计，全县共向国家交售粮食约9.6亿斤，而国家返销达到13.4亿斤，购销相抵，倒吃国家3.8亿斤；国家向凤阳发放贷款投资等达到13598万元，发放救灾款2838万元，而1978年的凤阳农村集体固定资产总值只有1879万元。凤阳县成为全国有名的"吃粮靠返销、花钱靠救济、生产靠贷款"的"三靠县"，每年冬春总有部分农民外出逃荒谋生，少则几千人，多则上万人，特别是1977年冬到1978年春，外流讨饭人口达到5万人。[②]人们深切感受到，农业经营管理体制有

---

① 陈怀仁、夏玉润：《起源——凤阳大包干实录》，黄山书社1998年版，第3—4页。

② 王郁昭：《大包干与大趋势》，光明日报出版社1987年版，第80页。

问题，由此基层农村实践中逐渐出现一些大胆的摸索。

1. 率先突破："联产计酬，马湖带头"

马湖公社书记詹绍周是一个善于动脑筋的人，1975年春天，在社员的要求下，他暗地里对烟叶生产实行"分组作业、定产到户、以产计工，超产奖励、减产赔偿、费用包干、节约归组"的生产责任制，有效地调动了群众的生产积极性。但是到了秋天，在凤阳县武店区委党的基本路线教育活动学习班上，受到了严肃批判并勒令改正，6个生产队偃旗息鼓，只有前倪等2个队仍然偷偷坚持到了1977年底。随着安徽"省委六条"出台，1978年凤阳农村开始普遍实行"一组四定"。但是群众对这种不联系产量计酬的方式并不满意，总想把劳动计酬和产量直接挂钩。1978年3月，马湖公社把实行了3年之久的以产计工管理办法推广到了粮食作物上。42个生产队中，有18个试行了联产计酬责任制。4月，凤阳县委在得知情况后，在中央政策还不允许的情况下，巧妙采取了"不宣传、不推广、不制止"的态度给予了支持。7月19日，时任省委第一书记万里同志来凤阳检查工作时，听取了马湖公社联产计酬的汇报后，安排省委政研室和中央政策研究部门先后来马湖调查。调查组走访后给予了肯定和支持，联产计酬责任制在全县传开。马湖公社联产计酬责任制的核心是"以产计工"。自初级社以来的20多年里，这是凤阳县第二次出现"以产计工"，第一次是1961年的"责任田"。"联产计酬"和"责任田"的不同点是，一个是以作业组为单位搞"以产计工"，一个是以家庭为单位搞"以产计工"。从1961年到1978年的18年间，凤阳人民在农业生产上绕了一个大圈，终于又回到了"以产计工"的起点。马湖公社的"联产计酬"跨出了关键性的、决定性的一步，为凤阳大包干的出现闯开了大门。

2.继续突破：凤阳大包干（"大包干到组"）报上户口

党的十一届三中全会拉开了中国改革的大幕，大会还讨论了农业问题，通过的《中共中央关于加快农业发展若干问题的决定（草案）》指出，可以在生产队统一核算和分配的前提下，包工到作业组，联系产量计算劳动报酬，实行超产奖励。这样，联产计酬得到了中央政策的肯定，在凤阳全县迅速推广开来。但是，在实践过程中，人们很快发现，其计酬方法非常烦琐，定工分要计算几十项，分配要绕许多弯弯账，队长和会计算不好，社员糊里糊涂也不放心。出于简化计酬方法的目的，梨园公社小贾生产队分为了4个作业组，实行包干到组。它在形式上突破了原来的由公社、大队、生产队三级所有，变为公社、大队、生产队、生产作业组的四级所有，并以作业组为基础。1979年2月19日，在凤阳县委工作会议上，大家讨论小贾生产队这种做法后认为，它比"联产计酬"更好，干部群众更容易接受，既然它是实行包到组的办法，干脆就叫大包干。"凤阳大包干"的名称就这样诞生了。2月20日，县委宣布，在全县范围内有领导有步骤地推行大包干到组，先试干一年，同时明确，以生产队为单位生产经营、联产计酬、"大包干到组"三种形式都可以搞。并立即向地委、省委作了汇报，获得支持。

据1979年10月《凤阳县城南公社关于实行"大包干"生产责任制的情况报告》：第一批实行大包干的，有岳林大队10个生产队、甄岗大队5个生产队、岗集大队7个生产队、卫岗大队1个生产队，合计23个生产队，划分了98个作业组。具体做法是：为保持三级所有、队为基础的原则，还要使作业组有一定的自主权，队组关系有"六管六包"。"六管"是：管计划，生产队将国家分配的粮油、棉、烟等计划，按土地面积安排到各组；管物资贷款，生产队将上级放的贷款和分配的农用物资及时如数分到组；管提留，按规定提留公益金、公积金、储备粮，以及大队干部、民办教师、赤脚医生等方面的补助；管固定财产，土地、牲畜、农具、公房等产权归队所有，作业组只有使用和保管权；管用水；管公差和处理民事纠纷。"六包"是：包各种作物计划面积完成；包产量；包完成农副产品和还贷任务；包大队、生产队干部的各项提取；包固定资产管理及财产不少；包完成集体公差任务。另外，作业组内的口粮、种子、饲料、超购和储备粮等，由生产队统一规定。以上"六管六包"和奖赔办法，由队组双方签订合同。群众顺口溜："大包干，不拐弯，既省事，又简单，保证国家集体的，剩下都归组里的。"

3. 彻底突破：小岗大包干（"大包干到户"）创造历史

1978年11月24日夜，凤阳县板桥区梨园公社严岗大队小岗生产队18户社员召开了一次"秘密会议"，通过了三条约定，一致决定"分田到户"，并签订协议，按下了红手印。三条约定分别是：（1）每户午秋二季所收的头场粮食，就要把国家征购和集体提留交齐，谁也不装孬种；（2）我们是明组暗户，不准任何人向上面和外人讲；（3）如果生产队干部因此而坐班房，他家的农活由全体社员包下来，还要把小孩养到18岁。由此，小岗村"包干到户"诞生了。

这个伟大创举的出现，在小岗人自己看来，其实十分自然。1978年在梨园公社的统一领导下，逐渐由"一组四定"向联产计酬发展，小岗队先是划分成2个组，分组作业；因为组内矛盾，后又分为4个组，再分为8个组；这样的"父子组""兄弟组"还是有矛盾，于是小岗人干脆一步到位搞起了明组暗户"包到户"。"大包干到户"第二年，小岗村农民人均收入由22元猛增到400多元，全队粮食产量达到6.6万公斤，自1956年起23年未交一粒粮食还年年吃供应的小岗人，一下子向国家交售粮食1.23万公斤。小岗大包干消息透露以后，附近村庄纷纷仿照或明或暗地也搞起了包干到户，并以出乎意料的速度迅速在全县推广开来。一经报道，立即在全省、全国产生示范效应。

　　通过凤阳农村改革历程回溯，可以发现：第一，小岗大包干是以凤阳县30多年波澜壮阔的农村改革发展为实践背景、改革基础的，不是单枪匹马的偶发事件；第二，从"黄金时代"的"包工制"、高级社时期的"三包一奖"，到人民公社化运动时期的"责任田"，再到1978年的伟大突破，体现了"摸着石头过河"的改革路径，摸的是"实事求是"之"石"，过的是满足农民生活需求之"河"，历史在"起、承、转、合"中向前发展；第三，追溯改革缘由，基本上是问题所逼、困境所致、穷则思变、群众创造、党员干部真心支持；第四，在各个历史时期出现的各种生产责任制中，小岗大包干最彻底、最受欢迎、最具示范效应，并成功开创了新的农村经营管理制度。

二、从滁县地区农业改革的视角审视小岗大包干

　　滁县地区是安徽农村改革的主战场。运用大历史观探究小岗大包干，

不仅要从凤阳县农村改革来认识，还要从滁县地区这个较宽视野来认识。

（一）滁县地区农业改革溯源

1.初级社时期的"三定"农业生产责任制

滁县地区（1993年改为滁州市）位于安徽省东部，南与南京隔江相望，北与蚌埠接壤，东与扬州相连，西与合肥毗邻。由于地处长江北岸、淮河南岸的江淮分水岭，呈北亚热带季风气候，四季分明，适宜水稻、小麦、油菜、棉花等多种作物生长，被称为江淮东部的"肉心地带"。1949年1月26日，滁县地区（时称淮南地区）除了沿长江城镇外全部解放。依据《中华人民共和国土地改革法》，1950年春，滁县地委、专署逐步开展土地改革。1951年2月，依据中共中央《关于农业生产互助组合作的决议（草案）》，滁县专区各县先后进行了互助合作试点，并逐步向面上推广。到1952年底，全地区互助组发展到25645个，入组农户达到177325户，占全地区总户数的41.7%。1952年10月，各地有计划地试办初级农业生产合作社。初级社完全是新生事物，在当时新建的生产社中存在的主要问题，是群众集体观念薄弱，一切依赖社干部；而社干部也缺乏生产管理经验，不会组织计划。因此，窝工、误工、费工等现象特别严重。1954年5月，滁县地委针对管理方面存在的问题，批转了"来安县半塔区9个农业生产合作社实行生产责任制的经验"，要求各地着重解决四个问题：一是帮助生产合作社订好生产计划，克服忙乱现象；二是社务委员会实行分工负责，发挥集体领导与大家负责的精神，克服有分工无责任、主任忙委员闲现象；三是根据社的大小、劳力强弱、生产技术高低和骨干多少适当搭配，建立劳动小组；四是逐步推行"按件计工"，"小段包工"，建立"专人负责制"，准确执行"三定"，即定工、定时、定质（包括定产量），缺一不可。[①]这一做法有效调动了社员劳动积极性，提高了生产效率。

2. 高级社时期的"三包一奖"生产责任制

1955年下半年，在全国开展批判农业合作化运动中的"小脚女人"作风的影响下，滁县地区出现了初级社升高级社、小社并大社、扩社的高潮，高级社的规模不断扩大。1956年，全地区高级社发展到645个，入社农户397960户，占全地区农户的84.9%，每社平均农户617户。其中，最早的高级社和最大的高级社均出现在凤阳县：1954年1月出现的凤阳淮光高级农业生产合作社是全地区第一个高级社；凤阳武店区东方红高级社由83个初级社和64个互助组联合组成，它的范围包括当时的六个半乡，入社农户4049户18865人，是全地区规模最大的高级社。针对高级社形成过快、范围过大带来的管理问题，生产队实行"三包一奖"制度，即包工、包产、包费用（亦称包成本）、超产奖励劳动日、减产扣除劳动日。1957年一度改为"小组包干、小段包工，按劳动定额记工，田间管理包干到户"等生产组织形式。[②]

3. 实行"责任田"办法情况

由于"大跃进"和人民公社化运动带来的不良后果，加上三年自然灾害，导致地区经济面临严峻形势。1961年1月，滁县地区依据《中共中央关于农村人民公社当前政策问题的紧急指示信》（简称中央"农

---

① 中共滁州市党史和地方志研究室：《中国共产党安徽省滁州历史》第二卷，中共党史出版社2020年版，第57—59页。

② 中共滁州市党史和地方志研究室：《中国共产党安徽省滁州历史》第二卷，中共党史出版社2020年版，第60—61页。

业十二条")和《农村人民公社工作条例(修正草案)》(简称"农业六十条")的政策规定,结合本地区的实际,作出了一系列具体政策规定,主要内容为:认真执行"定产到田、责任到人、按人承包、超产归己"的田间管理责任制加奖励的办法;坚持少扣多分原则,分配给社员的应占总收入的55%以上;大队对生产队必须实行劳力、土地、耕畜、农具四固定,不得随便变动;实行粮食多产多吃多购,少产少吃少购,大灾不购的原则;农业税社会减免不搞按比例平摊;认真清理社员的超支款;调低供给比例;严格控制参加分配的非生产用工。通过这些措施,混乱状况和农业面貌有了不小改变。为进一步摆脱困境,依据省委《关于推行包产到队、定产到田、责任到人办法的意见》,滁县地委于1961年3月召开县委第一书记会议,研究讨论包产到队、定产到田问题,指示各县在清明节前迅速包下去。按照地委统一部署,仅仅两三个月时间,就有14550个生产队实行了"责任田",占比72.2%。至1961年秋末,全地区有19612个生产队实行"责任田"办法。(因"责任田"办法一度受到争议,地委有意识保留定远县保持原来经营方式,以利于对比)据统计,全地区1961年底粮食总产达到8.08亿斤,广大农村开始出现新的生机,饿、病、逃、荒、死等现象基本杜绝。

在省委1962年3月发出改正"责任田"的决议后,滁县地委也不得不予以执行,可是抵触情绪很大、进度始终缓慢,直至1963年秋季,全地区"责任田"全部被取消,改革探索被迫停止。

(二)"关键时刻"的滁县地区农村改革

在经历"文化大革命"十年浩劫的巨大摧残之后,滁县地区农业面临极大发展困境，农民群众面临生存危机。其中凤阳、定远、嘉山三县长期居于全省10个最穷县行列。以嘉山县为例，从农村集体固定资产看，到1978年底，全县农村集体固定资产仅有2503万元，但社队欠国家贷款1816万元（包括被免去的203万元）。从粮食统购统销看，从1953年到1978年共交给国家粮食14.2亿斤，而农村回销和城市供应达到15.4亿斤，两项相抵国家调进粮食1.2亿斤。民间形容当时农村生产情况为"农民种田，国家给钱，缺吃少穿，政府支援"。历史走到了不改革就没有出路的"关键时刻"。

滁县地区的农村改革大约经历了三个阶段。

1."地委六条"拉开地区农村改革大幕（1977年4月至1977年10月）

1977年3月至5月间，滁县地委对落实党的农村经济政策、加强人民公社经营管理问题进行了一次全面深入的调查活动。5月底，地委召开了全区农村工作会议，分析总结调查成果，讨论形成了《关于落实农村经济政策的调查情况和今后意见》，有针对性地提出了六项具体措施，故被称为"地委六条"：（1）深入揭批"四人帮"，坚持党的新阶段农村经济政策。特别是把被搞乱了的思想路线加以澄清，把被搞乱了的农村经济政策加以纠正，以达到分清路线是非，划清政策界限的目的，不断提高执行党的农村经济政策的自觉性。特别强调了解决"生产队和社员负担过重"问题，提出"社员自留地和家庭副业应按党的有关政策执行"。（2）坚持"以粮为纲，全面发展"和"勤俭办社"的方针。（3）贯彻党在农村的阶级政策，依靠贫下中农民主理财。（4）合理安排劳动力，加强劳动管理。其中提出了评工记分、克服平均主义、分组作业（划分若干相对固定和临时的作业组）、作业组"四定"（即生产队按农活需要分阶段对作业组定人员、定任务、定质量、定时间）、健全岗位责任制和开展劳动竞赛的建议。（5）端正社队企业的方向道路，更快更好地发展社队企业。（6）提高认识，加强党的领导。通览六条建议，核心问题是尊重生产队的自主权。生产队有权因地制宜地进行种植，有权决定增产增收措施。在计划经济统得过死的情况下，这是破天荒的大胆举措。滁县地区"地委六条"的产生，实际上拉开了滁县地区农村改革的序幕。

2. 从不联产的责任制到联产责任制（1977年11月至1979年6月）

"地委六条"上报省委以后立即引起重视。1977年11月上旬，省委在滁县地区召开了落实农村经济政策座谈会，并在此基础上印发《关于当前农村经济政策几个问题的规定（试行草案）》，即"省委六条"。就"地委六条"和"省委六条"的关系，《人民日报》1978年2月3日发表的《一份省委文件的诞生》专门进行了描述："万里从滁县地委一份农村经济政策调查报告受到启发，下乡调查民生、倾听民意……制定了《关于当前农村经济政策几个问题的规定（试行草案）》。"

1978年初，滁县地区认真贯彻"省委六条"，各地普遍实行了"一组四定"责任制。这种形式的责任制比不搞责任制、干活大呼隆、生产瞎指挥前进了一大步，但它属于不联系产量的责任制，并不能真正克服长期以来存在的平均主义"吃大锅饭"的弊端。为克服此不足，以凤阳马湖公社为代表的一些社队暗中搞起了联产计酬。

1978年9月，在滁县地区四级干部会议期间，面对百年不遇的特大干旱，为了抗旱自救，有的干部提出强烈要求："地委放手让下面因地制宜干，干出成绩，不求表扬；干错了，自动下台。"来安县烟陈公社、天长县新街公社、来安县广大公社这三个实行联产计酬责任制的"秘密武器"在会上被介绍出来。滁县地委在调研后，以文件形式印发各县进行试点。到1978年底，在不到两个月的时间里，全区实行联系产量责任制的生产队占总数比达到26.7%，其中定产到组（实质上是包产到组）的生产队占总数比达到13.7%。与党的十一届三中全会上解除"联产"政策禁区相比较来说，滁县地区的实践突破早了一年，政策突破早了3个多月，这实属难能可贵。

3. 从"双包到组"到"双包到户"（1979年2月至1980年5月）

在中央解除联产禁区的鼓舞下，到1979年3月中旬，滁县地区实行联产计酬的生产队迅猛发展到占总数比的64.2%。在具体做法上，有两种基本形式：一种以嘉山县横山公社为代表，实行"包产到组"，即"定产到组、以产计工"，就全区范围来说，为数较多；另一种以凤阳城南公社岳林大队岳北生产队为代表，实行"包干到组"，即"一组、四定、三包、六统一"，在凤阳县居多。《安徽日报》1979年8月8日头版头条发表了《农业经营管理的一项改革——凤阳县在农村实行大包干办法值得提倡》后，凤阳大包干（即包干到组）迅速走向全省、全国。

"双包到组"发展迅猛，但问题接踵而至。它虽然克服了原来生产队的"大呼隆"和"大锅饭"的弊端，但是作业组"麻雀虽小五脏俱全"，很快出现了作业组内的"小呼隆"和"二锅饭"，这直接孕育了"包到户"的诞生：一种是小岗村的"包干到户"，另一种是来安县十二里半公社前郢生产队的"包产到户"。前郢生产队也是一个出了名的穷队，有四个最多：穷人最多，缺粮最多，吃回销粮最多，生小孩最多。1978年10月，来安县委书记王业美入队调查走访，家家草房破旧不堪、生活极其困难。经与社员讨论，他以个人名义特许该队试行"包产到户"。这样，前郢生产队成为来安县第一个实行包产到户的生产队。相比肥西县山南的"包产到户"，时间相差不大，比省委决定在山南试点则早了几个月。

凤阳县和来安县的两个生产队实行包产到户、包干到户的消息很快传遍整个地区。1979年11月，滁县地区四干会在凤阳召开，与会人员参观了小岗等3个生产队，地委书记王郁昭现场表态"允许小岗先干三年"。会后，包产到户、包干到户，特别是包干到户责任制迅速在全地区发展起来。1979年12月，万里同志在安徽省五届人大第二次会议上作出"责任到户也是在生产队统一领导下实行责任制的一种形式……应采取实事求是的态度允许它存在"的讲话后，滁县地区"双包到户"更加快速发展。到1980年2月，实行"双包到户"的生产队达到7816个，占总数比达到33.2%。4月，增加到11549个，占总数比达到48.4%。5月，在邓小平同志发表《关于农村政策问题》，旗帜鲜明肯定凤阳大包干后，"双包到户"禁区被彻底解除。同时，原来实行包产到户的也纷纷改为包干到户，原来实行其他责任制形式的也纷纷酝酿实行包干到户。据统计，到1980年11月6日，全地区实行包干到户的生产队增加到18393个，占总数比达到76.4%。到1981年3月4日，增加到22495个，占总数比达到92.9%。1982年春达到99.93%。至此，"双包到户"全部改为"包干到户"。到1984年，全国563.6万个生产队实行了双包到户，占总数比达到99%。

从滁县地区农村改革历程，特别是"关键时刻"的农村改革看，在凤阳县小岗生产队改革突破的同时，滁县地区各县同样在纷纷突破，多点开花、争先恐后、各具特色。在全地区范围内，凤阳县农村改革起码有两大突出亮点——马湖"联产计酬"最早，小岗"包干到户"时间最早、改革最彻底。

三、从安徽省农村改革的视角审视小岗大包干

安徽地跨江淮，古代曾经是集中产粮区。然而，长达660多年的黄河夺淮一直延续到近代，导致大量泥沙淤塞了淮河及其众多支流，形成淮河流域多灾多难的局面。安徽人民在面临自然灾害斗争考验的同时，还不断面临着政策上"左"倾错误的严峻考验。

（一）安徽农村改革历史溯源

1. 1959年初纠"左"中的"五包六定"

与初级社、高级社时期滁县地区相比较，安徽许多地方同样都曾经试行过生产责任制，只是方式方法不太一样。芜湖地区的"包工包产"就曾经上了《人民日报》的新闻榜。据报道，早在1956年，安徽芜湖地区有些合作社为了调动农民生产积极性，实行了包工包产的办法，生产队向管委会包工包产，生产组向生产队包工包产。安徽省委支持这一做法，于1957年2月发出《关于包工包产的指示》，肯定并支持农业社以生产队实行包工包产、超产归队、减产赔偿的办法。3月，

省委发出《关于推广田间管理工作包到户的通知》，肯定并推广田间管理工作包产到户的办法。这是安徽关于农村经济管理模式的初步探索，对促进农业生产起到了积极作用。

1958年8月，安徽省掀起大办人民公社高潮，在不到两个月时间内，共建人民公社1054个，有721.9万农户入社，占农户总数的99.9%。[①] 由于人民公社化运动的过急发动，原来高级社存在的问题还没有解决，又产生了新的更大更多的问题，公社之间"共产风"盛行，公社内部收入拉平、财产无代价上调，挫伤了群众积极性。

为纠正"左"的错误，1959年上半年，安徽省采取了一系列整顿措施，特别是要求各地在搞好粮食工作的基础上，推行"五包六定"（"五包"指包产、包工、包费用、包现金收入、包伙食供给，"六定"指定活、定人、定质、定量、定时、定措施）的管理制度和责任制办法。不少地方还根据本地实际情况采取灵活性的措施，如定远县实行"四包到队、五定到田"的生产管理形式（"四包"指包数量、包质量、包时间、包工分，"五定"指定作物、定产量、定肥料、定季节、定技术管理）。郎溪县实行"三包六定"（"三包"指包工、包产、包费用，"六定"指定任务、定田丘、定工分、定质量、定时间、定预支）的管理办法。太湖县永安公社天华大队6个生产队甚至将土地承包给各户生产，大胆尝试"包产到户"责任制形式。经过努力，形势开始向好的方面转变，但这一进程不久就被"反右倾"运动打断。

2. 伟大的"实验办法"——"责任田"

1959—1961年是"三年困难时期"，安徽更是重灾区。1959年全

---

① 《我省公社化一年推动生产力大发展》，《安徽日报》1959年8月29日。

省粮食总产量只有140.2亿斤，与1955年的230亿斤相比，净减少90亿斤，减产近40%；而与1955年全省户籍人口3201万人相比，1959年达到3427万人，增加226万人，这样一增一减，再加上"大锅饭"造成的大浪费等原因，粮食危机十分严重。官方统计公布的"非正常死亡"的人数达到300多万人，占全省总人口的近1/10。中央高度关注安徽灾情，1960年2月，邓小平同志视察安徽；6月，朱德同志视察安徽；10月，陈云同志视察安徽，了解情况。

时任安徽省委第一书记曾希圣痛感形势严峻，必须尽快扭转不利局面。在认真调研岳西县"包工包产"责任制的基础上，1960年8月，曾希圣在省委召开的县以上干部会议上提出"包工包产到组"，这对恢复生产起了一定作用，但是明显还不够，群众最厌恶的干活"大呼隆"、分配"大锅饭"问题并未得到真正解决。于是，他就进一步转向包工包产"到户"。11月28日—12月12日省委召开三级干部会议，传达贯彻中共"十二条"，制定《中共安徽省委关于贯彻执行中央"十二条"指示的具体规定》，成为扭转全省农村严峻形势的起点。

1961年2月，省委书记处会议提出了按劳动力分包耕地，按实产粮食记工分，超产奖励、减产赔偿的联产到户的责任制办法，实质上就是包产到户，并选定合肥市郊区的南新庄生产队进行试点。3月6日，省委书记处会议讨论了南新庄试点经验，决定扩大试点，并起草了《关于包产到田、责任到人问题（草稿）》。这是安徽推行"责任田"的第一个文件。3月7日曾希圣带着材料赴广州参加中央工作会议，于15日向毛泽东同志作了汇报，得到"你们试验嘛，搞坏了检讨就是了。如果搞好了，能增产10亿斤粮食，那就是一件大事"的指示。曾希圣立即把毛泽东同志的话转告省委。于是省委通知各地区"有计划有步骤地全面推行"。3月28日，曾希圣又传达毛泽东同志"可以在小范围内试验"的指示，可是此时虽然只过了20天，全省已有39.2%的生产队实行了责任田，而且还在继续迅猛发展。此后，责任田进入稳定推广、加强指导、逐步完善的阶段。到1961年底，全省实行"责任田"的生产队已经达到261249个，占生产队总数的91.1%。①

但是时过不久，在1962年2月中共中央召开的扩大工作会议（即"七千人大会"）上，"责任田"被指责为犯了"方向性的错误"。接着，安徽省委被改组，全省开始"改正"责任田。

安徽"责任田"是一场自上而下的得到广大群众衷心拥护的伟大"试验"。它充满悲壮色彩，因基层生存危机逼迫而不得不开始，又因为政治原因而不得不终结。它虽然被迫中止了，但是像一颗"火种"，深深埋在安徽广大干部群众心中。

（二）万里同志领导安徽农村改革大突破

1977年6月16日至20日，中共中央政治局连续4次开会，讨论安徽问题，决定由万里同志担任省委第一书记。万里同志之所以被派到安徽，有两大直接原因：第一，安徽是"左"倾路线危害"重灾区"，生产发展和群众生活都面临严峻局面，是个"老大难"，且粉碎"四人帮"后的8个月时间里，全国各地到处都掀起了对"四人帮"及其余党的揭批查运动，而当时的安徽省委负责人却以"安徽特殊论"为由始

---

① 安徽省委党史研究室：《安徽农村改革口述史》，中共党史出版社2006年版，第41页。

终没有开展行动，政治一潭死水，冤假错案得不到平反，中央和地方干部、群众均不满意；第二，万里同志是治理"老大难"的能手，他在1975年的治理整顿中因为雷厉风行整顿铁路系统取得实效而得到邓小平等国家领导同志的充分肯定。

1. 启动农村改革的开拓性文件："省委六条"

万里同志来到安徽后，首先是迅速整顿了省委及各地、县领导班子和干部队伍，其次是进行一场被安徽人民称为"江淮大巡行"的大调研。特别是滁县地区"地委六条"给了他巨大的启发，他立即批转全省并开展针对性大调研。1977年11月，在省委召开的农村工作会议上，着重讨论研究当时农村迫切需要解决的一些经济政策问题，制定了"省委六条"，强调要尊重生产队的自主权，实行生产责任制，发还自留地，允许农民经营正当家庭副业，受到农民热烈欢迎。

第一条"搞好人民公社的经营管理工作"。其中有三大亮点。一是确立一个原则"要尊重生产队的自主权"，防止瞎指挥，强调生产队"有权因地制宜、因时制宜地安排作物茬口，决定增产措施"。二是"整顿和加强农业管理"，采纳了滁县地区"地委六条"中提出的"根据不同农活，生产队可以组织临时的或者固定的作业组，定任务、定质量、定时间、定工分。只需个别人去做的农活，也可以责任到人"。三是强调"切实加强生产管理"，关注农业效率，"要讲究实效，不搞形式主义，要做到高产、稳产、低成本"，反对"增产不增收"。

第二条"积极有计划地发展社会主义大农业"。特别提出支持社队企业发展问题："社队企业要坚持因地制宜、就地取材和'四个服务'的方针，已办起来的，要继续办好。没有办的，要创造条件积极兴办。"在当时，是否支持社队企业发展，是改革初期政策争论的重要焦点。

第三条"减轻生产队和社员的负担"。针对当时生产队不堪重负的劳动力调用、村村办学校、社队文宣队和体育队、享受固定补贴人数、计生补贴、无偿调用生产队的劳力、财物、土地或发动社员投资捐献等提出要严格控制。

第四条"分配要兑现"。一是强调要因地制宜发展生产，增加收入，是搞好分配的基础；二是抓好超支还款，但是对个别有特殊困难的社员给予适当照顾；三是积累和分配比例要适当，保证社员收入要有所增加。

第五条"粮食分配要兼顾国家、集体和个人利益"。强调坚持"绝对不可以购过头粮"的原则，量力而行，兼顾三者利益。

第六条"允许和鼓励社员经营正当的家庭副业"。一是提出分配给社员的自留地，应该继续执行"农业六十条"规定，收了自留地的地方应按规定退还，自留地种什么作物由社员自主决定；二是允许和鼓励社员利用业余时间，经营正当的家庭副业。

通览全文，最具有开拓性价值的，就是确立了一个根本政策原则——"以生产为中心"，破除"唯生产力论"造成的阴影；明确了一个政策价值导向，就是把"尊重生产队自主权"作为农业改革的核心问题提出来，本质上是尊重农民的自主权，树立正确对待农民的价值导向；选定了一个正确的政策突破口，就是分组责任制，即"一组四定"，走出了迈向联产责任制、家庭联产责任制不可或缺的一步"先手棋"。而深深体现在文件中的政策灵魂，就是实事求是，一切从实际出发。

2."借地度荒"诱发包产到户：肥西县山南区试点

"省委六条"颁布以后，深受群众拥护，1978年午季收成普遍增加。可惜天公考验人，1978年全省出现百年不遇的大旱灾，造成6000多万亩农田受灾，400多万人饮水困难，秋种难以进行。面对严重灾情，9月初，省委常委会讨论决定借地给农民度荒：凡集体无法耕种的土地借给社员种麦子；鼓励社员多开荒，谁种谁有谁收，国家不征公粮，不派统购任务。这项政策极大地调动了农民抗旱救灾的积极性。此时，恰逢"真理标准大讨论"在全国展开，也激发了干部群众的思想解放。在这样的背景下，安徽一些地方的基层干部和农民从"借地"中得到启发，开始冲破旧体制的限制。

1978年9月15日晚，肥西县山南区委书记汤茂林在黄花大队主持召开了一个特殊会议，决定按照"四定一奖一罚"的办法，搞包产到户。此后，山南区其他大队也纷纷模仿。山南搞包产到户的消息很快被反对者以匿名信方式告到省委，万里同志安排省农委干部下去调查。1979年2月，在省委常委会上专门讨论山南包产到户问题，万里同志提出不宣传、不推广、不登报，秋后再总结。这样，在万里同志主持下，省委决定把山南公社正式定为包产到户的试点。1979年是包产到户的第一年，山南区麦子总产量达到1005万斤，比历史最高峰增产718万斤，增长2倍多。正是由于安徽省委"借地度荒"的政策决策、各地的艰苦奋战和大胆创造，大旱之年的安徽却取得了接近正常年景的收成，没有重蹈1960年的覆辙。

如果说肥西县山南的包产到户是公开的，是省委正式批准的，那么凤阳县小岗村的包干到户则是秘密进行的，是更加难能可贵的大胆尝试。

简要回顾安徽的农村改革历程，1959年初纠"左"中的"五包六定"生产责任制，1961年轰轰烈烈的"责任田"、"省委六条"和"借地度荒"及至"双包到户"，探索适合生产力发展水平的经营管理方式的努力始终没有停止过，且冲击力也一次比一次大，并最终使得安徽成为中国农村改革的先锋。中国改革始于农村，农村改革始于安徽。安徽农村联产承包责任制试点，起到了先锋和示范作用，促进了全国农村改革的成功。人们从农村改革中尝到了甜头，增加了勇气，进一步统一了认识，从而使改革由农村到城市逐步推开。这一历史性贡献，是安徽人民的功劳，是安徽人民的骄傲，也说明安徽人民有革命的精神和创造的智慧。

四、从中国农业改革的视角审视小岗大包干

（一）新中国农村改革溯源

1. 高级社时期的永嘉包产到户试验

中国农村合作化运动在1956年达到一个高潮，从1月到5月，全国基本上完成了从初级社到高级社的迅速转变，这样迅猛剧烈的生产关系变革，让农民从思想到行动都跟不上变革的节奏，生产积极性逐渐低落，而基层干部也深感缺乏激励手段来唤起农民生产积极性。

1956年4月29日，《人民日报》发表《生产组和社员都应该"包工

包产"》一文，并指出，"有些农业生产合作社（主要是高级社）只有生产队包工包产，生产组和社员不包工包产，这就产生了问题，也就是社员只顾赚工分，不关心社里的生产"，而这正是"目前许多农业生产合作社建立了劳动组织，实行了包工包产，生产仍然混乱的一个重要原因"。

浙江省永嘉县委副书记李云河受到《人民日报》这篇文章和邓子恢同志在农村工作部长会议上的讲话的启发，建议县委"用包产到户的办法来解决农民积极性低落的问题"。1956年4月，李云河得到县委许可后，先在燎原合作社进行包产到户试验，即"包产到队，责任到户，定额到丘，统一经营"。农民对这种办法积极性非常高，他们将耕地面积扩大了80%，积肥是周边4个合作社总和的4倍，漕运效率提高了10%，秋季喜获大丰收。9月，永嘉县委召开全县高级社社长会议，决定推广燎原合作社的办法。会后，全县637个合作社中有255个采取了包产到户的办法。其后，包产到户进一步蔓延到整个温州地区，到冬季，实行包产到户的合作社已经超过1000个，包含大约17.8万个农户。

就在这个试验深受欢迎之时，一场"农村两条道路"大辩论开始，政治形势发生变化。1957年3月27日，永嘉县委不得不作出《坚决彻底纠正包产到户的决定》。不久，省委工作组进驻燎原合作社。随后，永嘉实验被叫停。①

永嘉包产到户试验有以下几个特点，第一，它不是偏远山区几个农户暗地里搞的，而是分管农业的县委书记公开提出并进行实践的；

①　丁龙嘉：《改革从这里起步——中国农村改革》，安徽人民出版社1998年版，第91—95页。

第二，试点的倡导者不是农民而是县委领导同志，是县委决策并组织在全县推广的；第三，在面对猛烈批判时，永嘉县委没有低头，而是主动迎战。总之，"在全县范围内，在县委统一领导下，按明确的指导思想有组织的搞包产到户的，永嘉肯定是第一个"[①]。

全国其他地区也出现过类似浙江永嘉的实践。比如，四川江津县龙门区刁家乡的几个村社，1957年小春生产时，在时任龙门区委副书记刁有宽主持下，应社员的要求搞包产到户试验。又比如，时任广西环江县委书记王定根据当地居住分散的实际情况，在边远山区实行包产到户，在平原地区实行"小宗作物下放到户"。[②]

2. 1959年上半年人民公社整顿中出现的包产到户

1958年秋冬至1959年上半年，毛泽东同志领导了对人民公社的整顿工作，于是在1959年3月到7月间，包产到户再一次出现。比如，江苏省有的地方就提出"土地分到户，耕牛农具回老家"的要求，有的地区开始实行"定田到户，超产奖励"的办法。比如，湖南省有的地区的农民群众主张将土地、耕牛、农具以及粮食下放到户，将产量、产值包到户。还有的要求"家家起火，户户冒烟，拆散食堂，重建家灶"，他们希望政府"只管收购就算了，生产、生活由我们自己搞"。比如，甘肃省武都县隆兴公社红石生产队，把土地车马、农具按劳动力固定到户。时任河南省新乡地委书记耿起昌则是在会议上公开表示支持包产到户，他说，农业合作化以后，我们把农民的劳动力拿过来了，劳

---

① 吴象：《中国农村改革发展历程》，山西经济出版社2019年版，第355页。

② 魏众：《从"责任田"实践到家庭承包制——基于安徽的考察》，《中国经济史研究》2021年第4期。

动不能自由；人民公社化以后，我们把农民的生活、吃饭也拿过来了，人身不能自由。农民没有了自由，就失去了生产积极性。他提出，包工到户，定产到田，个人负责，超产奖励（超产部分的 70% ~ 90%）。在其领导下，新乡地区 60% 以上的生产队重新丈量土地分配到户。河南洛阳推行了"包工包产到户，以产定工，产工一致，全奖全罚，3 年不变"的办法，全地区有 800 个生产队实行了包工包产到户。上述生产责任制尝试，随着 1959 年庐山会议后"反右倾运动"的开始，也不得不停止。

3. 1961 年的安徽"责任田"和河北"南宫大包干"

1956 年浙江永嘉的"包产到户"属于"县级"范围的农村改革创造，而发生在 1961 年的安徽"责任田"则是"省级"范围的农村改革创造，比之规模更大、制度设计更完善、理论和实践影响波及全国范围。

在安徽大张旗鼓搞"责任田"的同一时期，全国不少地方也在想方设法克服人民公社化运动的明显不足。河北邢台地区的南宫县出现了分配上实行大包干的办法，即生产队完成征购后可自行分配，此举调动起生产队和广大社员的积极性，有力地促进了粮食征购和种麦运动，而且还引起了毛泽东同志的关注。1961 年 10 月，中共中央发出《转批邢台地委关于南宫县贯彻大包干政策的通报》，指出南宫县大包干的经验"很好"，"各地都应当认真研究，参照办理"。在此之前，毛泽东同志与河北省委代理第一书记刘子厚等人多次谈论大包干，还曾设想用大包干替换"三包一奖"制度（包产、包工、包成本和超产奖励）。据相关资料，1961 年 7 月，曾希圣向毛泽东同志汇报安徽责任田情况时，毛泽东同志对南宫县的大包干给予了很高评价："现在'六十条'中有一条讲的不对头，将来要修改，就是'三定一奖'问题。湖北汇报的'三包一奖'是个假话，他们根本没有实行，包工包产也是大呼隆。有一个县虽然没有搞'三定一奖'，但是搞得好，他们的办法就是大包干……"①

对于中共中央发出的《转批邢台地委关于南宫县贯彻大包干政策的通报》，安徽省委及时作了转发，要求各地遵照执行，几乎每个地、县也曾经按照中央要求认真进行了研究。比如，滁县地区的凤阳县就曾经于1961年10月27日晚，召集各公社党委书记、部分大队书记等开紧急会议，动员各地实行大包干。又比如，滁县地区的滁县于10月28日至29日召开了三级干部会议，"传达省委关于推行大包干办法的精神"，并形成《中共滁县县委关于三级干部会议贯彻实行大包干办法的情况报告》(以下简称"报告")。从滁县县委的这份"报告"可以窥视到南宫县大包干的一些基本做法以及安徽干群对其的认知情况。"报告"介绍了对大包干的好处的认识，即"十条好处"：一是实行大包干能够克服队与队之间的平均主义和分配不合理的现象，真正能够做到多劳多得、多产多吃；二是实行大包干群众心里有了底，群众摸了底，劲头就大了；三是实行大包干方法简单、手续简便，好懂好做好记；四是实行大包干能促进人人管财务，人人关心收入；五是实行大包干可以进一步贯彻勤俭办社的方针，人人爱护公共财物；六是实行大包干可以促进生产队发展副业生产，增加收入，增加社会财富；七是实行

---

① 王立新：《要吃米，找万里——安徽农村改革实录》，北京图书馆出版社1999年版，第7页。

大包干能促进生产队多种油料和经济作物的积极性；八是实行大包干能克服瞒产私分和偷窃现象；九是实行大包干穷队能够自力更生发愤图强，克服依赖思想；十是实行大包干以后大队干部真正能够参加生产了，并且能够集中精力领导生产、搞好典型指导工作，有的地方不划新队，又可以充实生产队的领导。

"报告"同时反映了干部们的思想顾虑：一是有些干部认为大包干办法削弱了大队，公社就后退了；二是有些干部怕小队干部弱，生产搞不好社员就倒霉了，有的怕小队干部贪污，有的怕小队不把生产费用用在生产上，任意挥霍，加大开支；三是有些干部怕实行大包干办法后，富队越富，穷队越穷，搞不好穷队的社员会跳队或外流；四是有的干部对方向认识模糊，认为要包就一包到底；五是有的干部认为花样变得太多了，实行责任田的地方会引起群众的思想混乱，有的干部对责任到人和大包干的办法混淆不清，认为实行大包干就不能实行责任到人了，再把责任到人拉回来，群众就不干了；六是大部分大队干部联想到自己的切身利益，过去是大队补助工分参加分配的，现在生产队独立核算了，到底是拿钱还是拿工分呢，心里没底。

"报告"还汇报了会上干部们提出的不少具体问题：一是秋收前后新划的大队规模太小，领导太弱，容易引起水利纠纷，是否可以不划队，按照原来的生产队实行大包干？二是实行大包干办法后，队长和统计员能力要强，一部分队干部不称职，缺乏干部怎么办？三是大队欠下的债务怎么办？四是入社时的耕牛农具股份基金，有的交有的未交，未交的是否要收，已交的被大队用掉了，如何处理？入社时公社或大队卖了生产队的土地钱给大队用掉了，如何处理？五是生产费用既然要给生产队使用，为什么要上交一部分给大队？如果上交大队，比例怎样确定？六是有的队水田多，旱田少，明年午季不够口粮，怎么办？七是实行大包干办法后，如果包产到队，劳动组的责任制如何确定？八是山林问题如何处理？

滁县县委的这份"报告"，透露给我们大量的信息。总体上可以看出，所汇报的讨论内容真实反映了基层干部对"南宫大包干"的态度。第一，对于实行"南宫大包干"办法的好处，是基于把原来的以大队为基本核算单位与"南宫大包干"的以生产队为单位基本核算单位这两者进行比较而得出的"十条好处"，当然，这些"好处"即"南宫大包干"的优势也是客观存在。但是我们要清楚地看到，此时的安徽"责任田"已经普及到91%以上，明显比"南宫大包干"改革更彻底、责任更到位、效果更明显，受欢迎度更高。第二，"报告"提出的干部们的6个方面的"思想顾虑"，实际上是对"南宫大包干"的思想上的不认同、不接受。第三，"报告"提出的8个"具体问题"，也直指"南宫大包干"的软肋，它并没有真正解决人民公社体制固有的不足。第四，报告列举出这么多思想疑虑、诸多具体问题，对于中央和省委批转的要求各地学习的通报来说，直接表露出地方干部的消极态度，也说明滁县干部对"责任田"的偏爱。第五，"报告"在提出诸多疑虑、诸多问题之后，对到底滁县搞不搞这个"南宫大包干"、什么时候搞、怎么搞等本来应该回答的一系列问题并没有给出答案和安排。这说明滁县县委并没有打算搞，只是以会议和"报告"的方式进行应对，说明基层干部更加倾向于"责任田"。这些态度，既是当时基层干部的普遍性认识，也是安徽省委态度的体现。故此，安徽也没有出现某地效法"南宫大包干"办法的报道。

4."文化大革命"时期的"包产到户"责任制

以安徽"责任田"为代表的那一波生产责任制被强行改正后不久，"四清运动""文化大革命"又先后灾难性地降临了，农业生产和生产责任制受到致命打压。尽管如此，以"包产到户"为代表的生产责任制还是以顽强的生命力以某种形式存在着。比如在福建、江西、广东、浙江等省的一些地方小范围、悄悄地出现，秘密地进行过。就安徽省可查的资料来看，1962年开始强行改正"责任田"后，因为干部群众的坚持，"责任田"历经相当长时间才"基本改正"。实际上，一些地方一直是或明或暗地坚持着，时断时续地存在着，改头换面实行着。

（二）"关键节点"的中国农村改革历程

中国农村改革的关键节点是指1978—1984年的家庭联产承包责任制的创建时期。

这一时间节点的中国农村改革，最具代表性的莫过于安徽和四川的农村改革，贵州等省份的农村改革也颇具影响。安徽省的农村改革前文已作详述，这里侧重介绍一下四川和贵州的农村改革情况，以便于比较省级农村改革的异同。

1.四川农村改革情况

四川是个农业大省，成都平原是我国著名粮仓之一，新中国成立后，几乎每年都向外调出几十亿斤粮食支援国家建设。"文化大革命"期间，农业发展缓慢，人口却快速增长。1975年和1976年，受"文化大革命"影响，加上旱灾和松潘、平武等地发生强地震，农村经济遭受严重挫折。1976年全省农业总产值只有101.51亿元，比上年减少4.3亿元，粮食总产量为254.2亿公斤，比上年减少3.85亿公斤；农民人均年收入53.6元，低于63.4元的全国平均水平，农民人均年口粮369斤，比全国农民人均年口粮低40斤，"天府之国"几乎成为"饥饿之国"。

1978年1月，四川广汉县金鱼公社在全公社116个生产队实行"分组作业、定产定工、超产奖励"，即"包产到组"的责任制。广汉县委给予了肯定，并要求在全县推广。金鱼公社成为四川第一个实施包产到组农业生产责任制的公社，是中国联产承包责任制最早实践地之一，成为四川农村改革的发端。

1978年1月底，邓小平同志出访尼泊尔途经成都，其间，特别向当时的四川省委主要负责人推荐了安徽的"省委六条"，并建议四川省委也可以搞个类似文件。

1978年2月，四川省委制定了《关于目前农村经济政策几个主要问题的规定》，提出了当前急需清理落实的农村经济政策，俗称"省委十二条"，其主要内容是：加强劳动管理，坚持按劳分配；严格财务管理制度；搞好生产计划管理；尊重生产队的自主权，生产队可以组织作业组，实行定额管理，建立"定人员、定时间、定任务、定质量、定工分"的"五定"生产责任制；兼顾国家、集体和个人的利益，坚决保证社员分配兑现；减轻生产队和社员负担；以粮为纲，发展多种经营；大搞农田基本建设；奖励耕牛发展，大力发展养猪业；积极兴办社队企业；慎重对待基本核算单位由生产小队向大队过渡；允许和鼓励社员经营自留地和家庭副业；等等。

1978年10月，四川省委办公厅印发的第71期《工作简报》，全面介绍了金鱼公社包产到组的改革经验，提出各地、县委可选择有条件的社队，进行试点，摸索经验。这是四川省发出的第一个突出"包"字（包工包产到作业组）并要求全面推广的文件。包产到组在四川农村逐步推开。

1979年11月，四川省委印发《关于进一步落实农村经济政策使生产队逐步富裕起来的意见》。该意见提出，要切实尊重生产队的自主权，搞好农业发展规划和逐步调整农业结构和作物布局。针对农村建立生产责任制问题，意见强调要积极推广包产到作业组、联系产量的责任制，对少数生产落后、收入水平很低、长期靠吃国家返销粮过日子的后进队和穷队，可以实行包产到作业组，搞"四固定"，一定三年不变；有条件的生产队可以划出一部分零星、边远或瘦薄地，按常年产量包到户经营。针对发展社队企业、鼓励社员经营好自留地和家庭副业的问题，明确了社员自留地和少量包产地的总和不得超过本队耕地面积的15%（原规定为5%~7%）。这是在省委正式文件中，第一次提出"包产到组"和"包产到户"。此后，全省各地普遍搞起了包产到户、包干到户。当年底，四川全省实行以户经营为主责任制（包括包产到户、包干到户和联产到劳）的生产队达到84.4%。

为适应家庭联产承包责任制普遍推行新形势，1979年9月，广汉县委在向阳公社进行了政、社工作分开试点，把公社干部分成行政、农副业、社队企业"三个班子"。这一改革得到省委肯定。1980年5月，广汉县委进一步在向阳公社进行人民公社体制改革试点，决定撤销"广汉县向阳人民公社管理委员会"，恢复建立"广汉县向阳乡人民政府"，并成立乡党委、乡政府、乡农工商联合公司；生产大队改为村，生产队改为独立核算、自负盈亏的集体经济组织——农业合作社。向阳乡成为全国最早改变人民公社体制,实行新体制的乡。

到1982年11月,四川全省实行双包到户的生产队占总数比达到97.98%,而且包干到户成了主要形式。到1984年3月,全省实行包干到户的生产队达到99.5%,基本上全面实行了包干到户。

2. 贵州农村改革情况

贵州地处云贵高原,山峦绵延,没有一块像样的平原,仅有少数面积不大的坝子,山地、丘陵占92%,岩溶地貌占72%,耕地相当少,且土层瘦薄,农业生产条件极差。据1977年统计,每个农业劳动力的粮食产量比全国平均水平低30%,农民人均年收入仅46元,比全国平均水平低29%,农民自嘲为"干人"(意思是一无所有的人)。

早在20世纪50年代实行农业合作社时,贵州就已经出现承包责任制形式。当时多采用临时包工、季节包工的办法,进而发展为包工包产责任制。"三年困难时期",山区农民为了生存,纷纷搞起"包产到组"或"包产到户",一些边远地区按照"包坨坨",将土地划分到各家各户耕种,生产队统筹上交公粮余粮和举办公益事业,这实际上就有"包干到户"的意思。

1978年3月,关岭县顶云公社开始在全公社28个生产队中的16个生产队实行"定产到组、超产奖励"的劳动管理形式,实际上就是"包产到组"责任制。1978年6月,黔南州就发现分田到户和包产到户、包产到组、按产计酬的生产队共1886个,占生产队总数的10.3%。

面对基层农村改革,贵州省委一开始并没有给予大胆支持,总体上采取的是"纠"和"堵"的政策。1979年9月,贵州省委在《关于执行中央两个农业文件的情况和今冬明春农村工作安排意见》中指出，"包工到作业组，联系产量计算报酬，实行超产奖励"，"这种责任制比较适应当前生产水平和干部管理水平"，并明确"对深山偏远地区的孤门独户，经县委批准，可以包产到户"。说明到此时，贵州省委正式对"包产到户"网开一面。到1979年底，包产到组责任制覆盖了贵州半数以上的生产队。从1979年秋收开始，包产到劳、包产到户等在一些地方得到发展，有的则干脆"包坨坨"。面对变化的形势，省委还是先采取"堵"的态度，比如1979年12月的《关于搞好国民经济调整工作的决定（草案）》中，还是提出"要坚持人民公社三级所有、队为基础的体制，不许以作业组为基本核算单位，不许分田分土单干，不许超过中央规定的界限搞包产到户"。并于1980年春天，安排各级工作组下到基层开展"纠偏"工作。基层群众改革态度坚决，"纠偏"效果不好，省委越来越被动。3月17日，省委召开全省电话会议，宣布"立即停止纠偏"，并要求各级党委"伸"下去认真调查研究。5月，召开省委常委扩大会议，传达4月2日邓小平同志在全国长远规划会议上的讲话精神。经过充分讨论，最终形成省委关于实事求是地从贵州实际出发，调整生产关系，允许"包产到户"的重大决策的指导思想和在全省动员部署的基本思路。提出要主动疏导，把调整生产关系的领导权重新拿起来，要领导着农民干。6月，贵州省委召开地、州、市委书记座谈会，学习贯彻省委常委扩大会议精神，研究起草"关于放宽农业政策的指示"。7月，贵州省委正式发出《中共贵州省委关于放宽农业政策的指示》。即文件规定："居住分散、生产落后、生活贫困的生产队，可以实行'包产到户'。即在生产队统一计划、统一分配下，定产到田，责任到户，按产计酬，全超全奖；对于少数经营管理水平极低，集体经济长期搞不好，实行'包产到户'也困难的生产队，允许实行'包干到户'。即在生产队的领导下，包完成国家粮食征购任务和各种农副产品派购任务，包照顾烈属、军属、因公致残者和五保户的必要开支，包生产大队、生产队干部的合理报酬，量力而行地包经济、教育、卫生等项事业所需的人工和粮款。"这是贵州有史以来第一次把"包产到户""包干到户"作为农业经营管理办法正式写入省委文件。至此，"包干到户"迅速席卷贵州全省。到1980年底，贵州农村"包产到户"的生产队占总数比达到18.6%，实行"包干到户"的生产队占总数比达到61.8%，标志着"包干到户"在农业生产责任制中已经占据主体地位。1981年，许多地方经过进一步比较，放弃了原来选择的"定产到组""包产到户"等责任制形式，转为"包干到户"。1981年底，全省实行"包干到户"的生产队达到98.2%。[①]

3.安徽、四川、贵州三省农村改革简要比较

安徽、四川、贵州三省的农村改革，都是处于同样的时代背景下的非常难能可贵的省级农村改革典型代表，都是基层农民出于摆脱生存危机的伟大创造，都是出现基层干部的宽容和认同，都引起极大的实践斗争和理论交锋，都引起中央的高度关注，都对推动中国农村改革发挥了巨大作用。

同时，三省的农村改革还存在基层群众进行农村改革实践突破的内容和时间点不同、省委推进农村改革的标志性政策的内容和出台时间不同、改革在全国造成的影响不同、中央关注度不同等方面的差异。

[①] 杜润生：《中国农村改革决策纪事》，中央文献出版社1998年版，第280—289页。

　　比较安徽"省委六条"和四川"省委十二条"，二者有许多相同之处也有许多重要差异。相同之处就是，文件的出发点都是为了落实党的农村经济政策以便度过农村危机，核心都是要发展农业生产以增加农民收入，本质都是要纠正"左"倾错误而推出改革举措。二者也有许多不同之处：第一，最为明显的差异，是出台时间不同，有先有后。安徽"省委六条"颁布时间是1977年11月20日，四川"省委十二条"颁布时间是1978年2月5日，两者相差两个半月。第二，安徽对四川有相当程度的引导和示范作用。邓小平同志1978年1月底在出访中途经成都时，特别向四川省委主要负责人推荐了安徽的"省委六条"，并希望四川也搞个类似文件。这样，四川省委也制定并推动了农村改革的"省委十二条"。第三，安徽"省委六条"侧重讲人民公社管理体制、农业生产计划、按劳分配等宏观政策方面的建议，有许多原则性问题突破；而四川"省委十二条"则更多地是讲操作中的具体政策、具体举措，对一些原则性问题几乎没有什么突破。第四，安徽"省委六条"中有一条专门阐述"尊重生产队的自主权"，事实证明这是农村改革最有力也最有效的突破口，也是破解当时农村、农业、农民面临困局的关键点，而四川"省委十二条"几乎没有关注这一关键问题。当然，上述这些差异，既反映了当时两省农村经济社会发展水平和面临的困难局面的差异，又反映了两省省委对农村改革的紧迫性和改革方向的不同认识，还反映了两省省委主要领导同志的思想观点和工作风格的差异性。

4."关键节点"中央农村政策演化历程

　　不论是安徽、四川、贵州的农村改革，还是其他省、市的农村改革，都是在党和国家农村宏观政策改革调整的大背景下进行的。

（1）1975年，改革预演。

1975年初，邓小平同志全面主持中央和国务院的日常工作。他提出，全国各个方面工作都要整顿。工业、农业、商业、财贸、文教、科技、军队都要整顿，核心是党的整顿，关键是领导班子。邓小平同志后来说："拨乱反正在一九七五年就开始了。"[①]"说到改革，其实在一九七四年到一九七五年我们已经试验过一段。……那时的改革，用的名称是整顿，强调把经济搞上去，首先是恢复生产秩序。凡是这样做的地方都见效。"[②]

（2）1978年，党的十一届三中全会按压住了农业学大寨的新的"左"倾冲动，为农业改革创造了条件。

1978年开始的"两个凡是"和"实践标准"的理论斗争，体现在农村政策上，突出表现在对"农业学大寨"的不同态度上。坚持"两个凡是"的，还是要维护原来的农业经营管理体制，认为学习推广大寨经验是解决中国农业农村问题的"灵丹妙药"。1977年12月，中共中央发出"49号文件"，提出"逐步向以大队为基本核算单位过渡"。而一些对于农村改革"先知先觉"的地方领导人，早在党的十一届三中全会之前，就发现原农村政策和农业经营体制无法持续，发现农业学大寨已经是"穷途末路"。1977年底安徽"省委六条"的出现，特别是强调坚持"三级所有、队为基础"、"尊重生产队的自主权"、调动社员家庭生产积极性等，几乎完全与中央"49号文件"走的是两条相反的

---

① 《邓小平文选》第三卷，人民出版社1993年版，第81页。

② 《邓小平文选》第三卷，人民出版社1993年版，第255页。

道路，对农业学大寨进行了实质性冲击。

1978年底召开的党的十一届三中全会，实现了党和国家工作重心的历史性转变，必然带来党的农业农村工作的历史性转变。在全会通过的《中共中央关于加快农业发展若干问题的决定（草案）》中，强调坚持"三级所有、队为基础"，并提出扩大生产队自主权，鼓励社队建立生产责任制，调动农民的生产积极性等新颖提法，可以说直接按压住了"49号文件"的"向以大队为基本核算单位过渡"的新的"左"倾冲动。可惜的是，"决定"又明确规定"不许包产到户，不许分田单干"。这预示着农村政策改革必将是前进性与家庭联产承包责任制实行的曲折性的统一。

（3）1979年，党的十一届四中全会实现从两个"不许"到一个"不许"、一个"不要"的政策微调。

1979年3月中旬，在国家农委召开的有七个省代表参加的农村工作座谈会上，对当时已经出现的包产到组、包干到组等责任制形式到底是"新生事物"还是"历史倒退"问题出现了激烈的争论。恰在此时，《人民日报》3月5日的头版头条发表了张浩的《"三级所有、队为基础"应当稳定》，并加编者按指出："已经出现分田地组、包产到组的地方，应当……坚决纠正错误做法。"这给当时安徽省委推行的生产责任制带来巨大冲击。好在万里同志改革态度坚定，带领安徽省委，包括滁县地委和凤阳县委在内的各地委、各县委顶住压力，保住了本地农村改革的初步成果。随着《人民日报》3月30日发表安徽省农委专文《正确看待联系产量的责任制》，并加了《发扬集体经济的优越性，因地制宜实行计酬办法》的编者按，这样"张浩来信"的风波得以迅速化解。

1979年9月召开的党的十一届四中全会对三中全会通过的《中共中央关于加快农业发展若干问题的决定（草案）》进行了修改并正式公布。引人注目的是对原草案中的"不许包产到户，不许分田单干"进行了微调，即"不许分田单干，除某些副业生产的特殊需要和边远山区交通不便的单家独户外，也不要包产到户"。从三中全会的"不许……不许……"，到四中全会的"不许……不要……"，一字之差，体现了一年来中央农村政策的逐步转变。

（4）1980年，中央省级第一书记座谈会提出两个"可以"。

1980年初，农村改革再次面临巨大政策压力。在1980年1月至2月的全国农村人民公社经营管理会议上，安徽实行的联产承包责任制引起了十分激烈的争论，且大部分人持反对意见。随之，《农村工作通讯》第2期发表了印存栋的《分田单干必须纠正》，指责包产到户是"分田单干"，违背了党的政策，导致两极分化，是方向路线问题，要坚决与之斗争。第3期发表了刘必坚的《包产到户是否坚持了公有制和按劳分配？》，批评"包产到户既没有坚持公有制，也没有坚持按劳分配，它实质上是退到单干"。《新华月报》1980年第3期也发表文章指出，"如果扩大包产到户，就是背道而驰，搞不好还可能破坏公共财产。人心一散，各奔前程，集体经济没有了，基本建设也不搞了，科学种田也搞不起来了，农村的社会主义阵地就破坏了"。上述3篇文章的作者中，印存栋时任安徽省巢湖地委政策研究室主任，安排安徽省干部写文章反对安徽省委推行的包产到户，显然极有力度；另外两篇文章的作者分别是国家农委分管政策研究的副主任和时任农业部常务副部长，他们俩撰文反对包产到户，分量尤其重。

正当农村改革面临严峻局面的时候，邓小平同志以极大的勇气和魄力，给予了坚决支持。他在1980年4月2日与胡耀邦、万里、姚依林、邓力群等人的谈话中指出："政策一定要放宽，使每家每户都自己想办法，多找门路，增加生产，增加收入。有的可包给组，有的可包给个人，这个不用怕，这不会影响我们制度的社会主义性质。"①他在1980年5月31日同胡乔木、邓力群谈话中指出："农村政策放宽以后，一些适宜搞包产到户的地方搞了包产到户，效果很好，变化很快。安徽肥西县绝大多数生产队搞了包产到户，增产幅度很大。'凤阳花鼓'中唱的那个凤阳县，绝大多数生产队搞了大包干，也是一年翻身，改变面貌。有的同志担心，这样搞会不会影响集体经济。我看这种担心是不必要的。……总的来说，现在农村工作中的主要问题还是思想不够解放。……从当地具体条件和群众意愿出发，这一点很重要。"②这一期间，陈云同志也热情支持包产到户。

在邓小平、陈云等领导同志的支持下，1980年9月14日至22日，党中央召开各省、市、自治区第一书记座谈会，专门讨论农业生产责任制问题，形成会议纪要《关于进一步加强和完善农业生产责任制的几个问题》下发全党。文件指出："在那些边远山区和贫困落后的地区，长期'吃粮靠返销，生产靠贷款，生活靠救济'的生产队，群众对集体丧失信心，因而要求包产到户的，应当支持群众的要求，可以包产到户，也可以包干到户，并在一个较长的时间内保持稳定。"至此，中

---

① 中共中央文献研究室编《邓小平思想年编：一九七五——一九九七》，中央文献出版社2011年版，第302页。

② 《邓小平文选》第二卷，人民出版社1994年版，第315—316页。

央政策从"不许包产到户，不许分田单干"，到"不许分田单干，也不要包产到户"，再到"可以包产到户，也可以包干到户"，农村改革政策越放越宽。

（5）1982—1986年，五个中央一号文件相继出台。

1981年10月全国农村工作会议通过《全国农村工作会议纪要》，高度评价了党的十一届三中全会以来农业生产责任制的发展，明确指出："目前实行的各种责任制，包括小段包工定额计酬，专业承包联产计酬，联产到劳，包产到户、到组，包干到户、到组，等等，都是社会主义集体经济的生产责任制。"这就明确肯定了包产到户、包干到户的社会主义集体经济生产责任制性质，从而使它的推行具有了合法性。该纪要于1982年1月1日以中央一号文件的形式下发全党，这是党的历史上第一个关于农村工作的一号文件。此后的1983年到1986年中央连续发出一号文件以推动农村改革，小岗大包干逐步演化为家庭联产承包责任制。

运用大历史观研究范式，从凤阳县农村改革历程看小岗大包干的历史地位，从滁县地区农村改革历程看凤阳县农村改革情况和小岗大包干的历史地位，从安徽省农村改革历程中看滁县地区的农村改革主战场地位和小岗大包干的历史地位，从全国的农村改革进程中看安徽的农村改革发源地地位和小岗大包干的历史地位，这样的多视角便于我们充分认识小岗大包干的存在性和历史先发性。而且每一个视角都坚持长时段溯源，探索其历史演化历程。这样，小岗大包干不再是一个单纯的历史事件，不再是一个短暂时间节点，不再是某地方的一个生产队的变革，而是全县、全地区、全省、全国的一个生产队的历史性变革，这样，小岗大包干变革就成为"历史性事件"。

第二章 | 逻辑起点的认定逻辑和发生逻辑

本章主要论述小岗村为什么会被认定为中国农村改革的主要发源地、小岗村这个地方为什么会首创大包干两个基本问题。

一、小岗村"中国农村改革主要发源地"的认定逻辑

中国农村改革波澜壮阔、曲折复杂，哪里是改革的发源地？这是一个至关重要的问题。然而，关于判定改革源头的标准和依据，一直以来存在争议。有人认为，哪一个地方最先开始实践突破的，那它就是发源地，即以实践突破时间作为标准；有人认为，哪一个地方最先得到政策正式确认的，那它就是发源地，即以制度认同作为标准；有人认为，哪一个地方进行了最有价值的突破，那它就是源头，即以突破的实质性内涵作为标准；有人认为，哪一个地方的改革造成的社会影响力最大，那它就是源头，即以社会效应作为标准。还有很多其他标准，比如以改革层级为标准、以改革的领导者为标准、以改革的地方为标准、以改革被发现的时间为标准、以改革的主体为标准、以改革对象的解体为标准等，林林总总，标准甚多。既然这些标准能够被提出来，那么就都有一定的道理。笔者认为，对于某个单项改革，我们可以选择最能够反映其改革性质、特点、类型、层级、范围的某一个或几个单项标准来衡量。对于综合性改革，某一个单项标准则很难真正全面反映问题，应该采用综合性标准体系作为标准。对于中国农村管理体制改革这样一个重大而复杂的历史变革（其核心内容包括农村土地制度、生产经营管理体制、人员户籍制度、农村产业制度、农村金融制度、农村教育、卫生、文化制度等诸多方面制度的改革等），只采用某一个或两个单项标准来衡量，就显得过于单薄、不够全面，应

该综合研判各方面因素，特别是要注重分析比较各地改革的实践时间、参与主体、实质内容、制度认同、政策效应、结局命运等关键要素，这样才能够真实准确评析并认定中国农村改革的源头。而这样做，才是符合大历史观的要求。把农村改革突破点放到长时段历史中去定位它而不是只看到某一时间点发生了某一事件，这样才是"历史的事件"，而不是"事件的历史"；要放在各种因素相互作用中去观察它、定位它，这样才是"整体的历史而不是局部的碎片化的历史"；要透过现象、透过外在形式把握其内在逻辑、本质内涵，这样才是"把握住了历史的主题、主线、本质和主流"，并真正把握住了事物发展的内在规定性。一句话，可以运用大历史观来认识农业农村改革，来分析农村改革的源头问题。

（一）改革内涵的彻底性标准：彻底突破人民公社体制

改革突破有点、线、面、体等层次、角度之别，有难易、深浅之分，最难能可贵的是改革具有彻底性。

新中国成立后，农村和农业一直处于不断变革之中。当人民公社体制确立以后，它的优势就是坚持了社会主义公有制的性质，它的最大不足是责权利混淆不清，农民主体地位出现缺位、错位，基层干部出现制度性越位、错位，导致效率低下而缺乏活力。针对它的不足，试图建立生产责任制的变革便在不断酝酿和发生中。这其中，从人民公社初期发生的"包工包产""责任田"等，到后来的"一组四定""联产计酬""双包到组""双包到户"等，都是在寻找能够真正克服人民公社体制不足的那一种责任制。

全国各地在推行生产责任制改革时，有鉴于各地发展状况、面临的突出问题、人们思想觉悟和认知水平差异，在对责任制认知上必然存在差异，因而先后出现了多种形式的生产责任制。责任制方式的不同，反映改革内涵的不同。下面对几种主要责任制形式的内涵进行简要梳理。

1.农业合作化初期出现的"包工制"

这种责任制形式是以初级农业合作社为单位，生产组向初级社承包农活的一种生产形式，是在按件计工的基础上形成的，分为小段包工、季节包工和全年包工三种形式。小段包工即把某项农活规定其质量和完成时间，付给一定的劳动工分，由初级社承包给生产组完成；季节包工和全年包工即在小段包工的基础上，把土地划片，并确定作物种类、农活标准等，按土地季节或者全年分包给生产组完成。

2.高级社时期的"包工包产"责任制

这种责任制形式有多种"包"法。其中，以"三包一奖"办法最为普遍，即以高级社为单位，生产队向高级社"包工、包产、包费用（成本）、超产奖励"。还有一种"包产到队、分户管理"办法，即在"领导统一、安种统一、投资统一、收获统一"的"四统一"基础上，高级社按照管理内容、田亩定额标准，给予生产队总工分，并根据难易、远近等情况进行分片负责管理，按劳分田、按亩得分；生产队再对农户实行"包到户"管理：一包数量，以队为单位，根据总田亩和劳动力平均分配管理；二包质量，即对不同管理内容提出不同的质量要求；三包时间，即从开始到结尾，每一亩庄稼需要多少劳动时间，依照亩数定。采取以队为单位，以小组为基础，归户划分责任，多少由生产队调剂。其实质是生产队将农活进一步向下"分派"给农户。有学者把它称为"包产到户"的第一次出现。严格来说，其实它包的是农活的数量、农活的质量、农活的时间，并没有"包产量"，并不是20多年后出现的"包产到户"，最多只能说是萌芽。

3．"责任田"

具体操作办法是：先"三包""四固定"到组，再包产到田、责任到人。实行"五统一"，即计划统一（生产指标和作物安排）、分配统一（包产部分）、大农活和技术统一、用水管水统一、抗灾统一。采取9个方面具体做法：（1）定产。根据土质、水利条件，参照社员的底分分包到户，一年一包。（2）定工。按亩按作物定工，以工除产，以产计工。（3）耕牛。固定到组，专人喂养，养用合一。（4）大型农具。专人保管，由小组统一掌握使用。（5）肥料。家庭肥料自积自用，集体肥料按亩分摊到户，商品肥按作物需要分配。（6）种子。分户选，分户打包，集体保管。（7）育秧。统一泡种，分户管理。（8）用场。以组为单位设场，分户打场。（9）超产全奖，减产全赔。超产部分50%奖粮，50%奖钱。总体来说"责任田"与"包产到户"非常相似，区别就在于"五统一"，特别是其中的分配统一、大农活和技术统一。

4．"一组四定"责任制

这种责任制以生产队为核算单位，划分若干作业组，生产队对作业组实行定任务、定时间、定质量、定工分（工酬），按照定额记工，由生产队进行统一核算、统一分配。"一组四定"或者"一组三定""一组五定""一组六定"等，其实质都是一种不联系产量的责任制形式，作业组作为责任者，只对劳动的数量、质量负责。不负责最终劳动成果（产量或产值），社员劳动的报酬多少，与产量（产值）没有直接的联系。

5."包产到组"责任制

这是实行联产责任制初期的一种主要形式，最常见的做法是：生产队根据规模大小和自然条件划分为若干作业组，实行分组作业。生产队依据当年的生产指标，将计划、任务落实到组，工分也随产量到组，对作业组实行"三包"（包产量、包工分、包费用）。超产奖励，减产赔偿费用，节约归组，超支不补。大多数地方还强调"五不动"（农业机械不动，种子不动，公房不动，队办集体副业不动，储备粮、公积金、公益金不动）和"四统一"（领导统一，生产计划、茬口安排统一，用水统一，分配统一）。还有的地方是把小宗作物，主要是油料、棉花等经济作物责任到人，超产奖励，减产赔偿。在奖赔上，有的是全奖全赔，有的是按比例奖赔。

6."包干到组"责任制

这种责任制坚持以生产队为基础，分组作业。土地、耕牛和大型农具归生产队所有，固定到作业组管理使用。社员分配，在生产队统一分配方案指导下分组进行。作业组实行"三包"（包完成生产计划、包交售征购任务、包上交公共积累和各项提留）。规范性操作程序如下：（1）自愿结合、分组作业。民主选定组长、记账员、保管员。（2）土地、耕牛、农具等大型农具固定到作业组使用，所有权归生产队。（3）明确生产队和作业组职责。生产队对作业组"十管"（管生产计划、管固定资产、管物资和贷款、管公共积累和各项提留、管队办副业和集体茶林、管水利设施、管劳力调配、管财务账目、管收益分配、管思想政治工作）。作业组向生产队"五个保证"（保证接受生产队计划指导，完成生产任务；保证完成农副产品交售任务，上交公共积累和各种必要的提留；保证管好固定资产；保证留足生产资金，选育好良种，搞好科学种田；保证服从生产队统一领导）。（4）抓好作业组内部的经营管理。因地制宜、因时制宜地安排生产，建立各种账目，定期公布。

7."包产到户"责任制

基本内容是：生产队将集体土地按照人口承包到户，定产量、定工分、定费用，超产奖励，减产赔偿。由生产队统一核算，统一分配。各地在具体操作时，做法多种多样，归纳起来主要有两种。一种是部分生产项目或作物包产到户。实行这种方式的生产队坚持生产资料由生产队统一管理，统一使用，在生产队统一计划，统一经营的前提下，将部分生产项目包给社员户，实行定产量（或产值）、定工、定费用、超产奖励、减产受罚的办法，生产队统一核算，统一分配。另一种是全部作物包产到户。实行这种办法的生产队也是坚持生产资料公有，大中型农具由生产队统一管理，统一使用。耕牛、犁耙等生产资料，在保证价值不变的前提下，交户管理、使用。生产队统一计划，统一经营，统一核算，把全部土地、所有农作物都包到户。定产、定工、定费用和超奖减赔。包产以内的产品交生产队统一分配。有的生产队为了简化手续，对承包户包产任务以内需要上交生产队的部分，采取以卖代交和以支代交的方式，年终分配时统一结算，进行找补。"包产到户"的两种办法，都是坚持生产资料集体所有，生产队统一计划，统一经营，统一核算，统一分配。社员户只是在生产统一领导下，负责完成所承包的那一部分生产任务，该户还是集体的一个成员，要对集体负责。社员户收入的多少，除了取决于其承包的生产任务完成情况外，还受到集体经济经营好坏的制约。

8. "包干到户"责任制

这种责任制坚持社会主义土地公有制（生产队集体土地），生产队将耕地分包到户，社员具有承包使用权；将生产队需要完成的国家粮、油征购任务和集体提留等负担，根据各户承担的土地数量计算分摊到户，实行"包干"，并签订"包干"合同。其他生产资料如牲畜、农具、机械等均折价分配到户。家庭户在生产经营上有较大的独立性，在自己承包的土地上可以自由耕种。每年分午、秋两季兑现。在收入分配上生产队不再进行统一核算和统一分配，彻底取消了评工记分的计酬方式，从根本上解决了自初级社以来长期不能解决的计算社员劳动报酬问题，充分体现了"多劳多得、按劳分配"原则。群众顺口溜："大包干，大包干，直来直去不拐弯；保证国家的，留足集体的，剩下收多收少都是我们自己的！"这里的"自己"是"家庭户"，已经改变了原来的"社员户"性质。这就是后来的家庭联产承包责任制。

9. 其他形式的责任制

比如，"口粮田"（将一小部分土地按照人口平均承包到户，不计公粮、不负担粮食统购任务，其余土地仍然按照其他责任制方式或非责任制方式组织生产和分配）、"联产到劳"（生产队将耕地按照劳动力多少和强弱承包到户，定产量、定工分、定费用、超产奖励、减产赔偿，由生产队统一核算、统一分配，实质上就是"包产到户"的一种）、"专业承包"（生产队所有的水面、林场、茶场、作坊、农机械等不宜分散经营的，发包给社员去经营，协定生产指标和任务）等，也是很常见的责任制形式，它们总体上属于"双包到组"或"双包到户"范畴，只不过细节上各有特色。

上述责任制形式，按照出现时间排列，可以看出改革的基本趋势：第一，生产组织规模越来越小，直至家庭户成为生产组织的主体；第二，生产经营权责逐渐下放，直至家庭户拥有生产经营自主权，承担自主经营责任；第三，分配上，由不联产的平均分配到逐步联产分配，分配主体由公社到大队，由生产队到家庭户。总体上表现为由"一大二公三平均"向家庭户，向联产承包，向按劳分配、多劳多得发展，从而有效恢复了家庭户的生产责任心和劳动积极性。其中，不联系产量的责任制是不完全的责任制，不是真正意义上的责任制。生产和分配挂钩的责任制主要有四种类型，即"双包到组"和"双包到户"。

在上述对各种责任制内涵描述的基础上，我们可以把联产承包责任制的四种形式与人民公社体制作简要比较。（见表2-1）

表2-1　联产承包责任制的四种形式与人民公社体制比较

经营模式	基本单位	生产管理方式	分配形式
人民公社体制	人民公社	统一生产管理	统一计工分配（不联产平均分配）
"包产到组"	生产队和作业组	定产到组，以产计工	由生产队统一按工分联产分配
"包干到组"	生产队和作业组	作业组包完成生产计划、征购任务，包公共积累和各项提留	上交之外的产值由作业组在组内按工分分配
"包产到户"	生产队和家庭户	定产到户，以产计工	由生产队统一按照工分联产分配

经营模式	基本单位	生产管理方式	分配形式
"包干到户"	生产队和家庭户	家庭户完全自主生产，包完成生产计划、征购任务，包上交公共积累和各项提留	家庭联产分配（不计工分，上交之外的产值属于家庭）

由表2-1可知，"双包到组"的责任制没有把生产管理的权、责、利下放到家庭户，"作业组"就好比是规模变小了的"生产队"，且其主体地位都没有真正得以明确。同时，不管哪种生产责任制形式，生产队仍然发挥必要作用，只是生产队的权责在逐渐下放，由农业生产全过程管控逐步转向部分管控，由农村全面管理逐步转向村级公共管理，由全方位服务逐步转向村级公共服务。而"包产到户"与"包干到户"的根本区别是："包干到户"不仅在"包"的程度上大大超过了"包产到户"（凡是能够包的全包了），更加重要的是，"包干到户"取消了生产队的"统一计划、统一经营、统一管理、统一核算、统一分配"，突破了长期以来人民公社体制所推行的"三级所有、队为基础"的经营管理模式。

所以，上述各种责任制形式中，"包干到户"才真正是对原人民公社体制"一大二公三平均"特质（具体表现为生产资料高度集中、经营管理高度集中、劳动力调配高度集中、收益分配高度集中）的最彻底否定，而它恰恰是小岗村农民自发的伟大实践创造。从各种责任制内涵的比较看，人民公社体制的根本突破、家庭联产承包责任制的发明权自然要归属首创农业"大包干到户"的小岗村。

（二）实践的先发性标准：实践时间最早

让我们再一次明确几个地方农村改革实践突破的时间点：

安徽省委于1977年11月通过"省委六条"，印发全省执行。这是全国范围内出现的时间最早的省级推动农村改革的文件，比同样因为农村改革享有盛誉的四川"十二条"早了2个半月。单单从这个时间节点来看，安徽就不负"中国农村改革的先行者"称号。

滁县地委于1977年5月形成"地委六条"，8月形成正式文件印发全地区执行，并上报安徽省委；这不仅是安徽全省最早的推动农村改革的地委文件，也是全国范围内推动农村改革的最早的地委文件。单从这个时间节点看，滁县地区就不负"安徽农村改革的主战场、发源地"的称号，同时也佐证了安徽省在全国的先发地位。

凤阳马湖公社1975年春天即对经济作物烟叶的种植实行"包产到组、以产计工"的联产承包责任制，1978年3月推广到粮食作物生产。这是目前可知的全国最早的形成一定规模、持续相当长时间，且没有间断的联产计酬改革实践。单从这一时间节点看，凤阳尝试农村改革的时间最早。

客观来说，能够与小岗村竞争"农村改革发源地"称号的地区，不是来自省外，而是来自省内。主要有肥西县山南的小井庄；来自滁县地区内的竞争对手则比较多，几乎各个县都有可以与之竞争的"选手"，比如来安县的魏郢生产队和前郢生产队、定远县的篆山大队、天长县的新街公社、滁县的乌衣公社等；来自于凤阳县内的竞争对手，客观地说，几乎遍布各区，特别是小岗村周边的各个社队因为同样的历史、地理原因，都非常积极地推动了改革实践。我们可以从时间上作个比较分析。

1978年2月，来安县烟陈公社杨渡大队魏郢生产队试行"包产到组"，肥西山南区黄花大队于1978年9月开会研究决定分田"包产到户"，这在安徽全省属于第一批。这一时间段，滁县地区的全椒县古河区蔡集公社于1978年初秋试行油菜生产"包产到户"，并推广到全县；来安县十二里头前郢生产队于1978年10月在全县第一个试行"包产到户"；定远县界牌公社篆山大队的12个生产队290户人家于1977年遇到大旱时就搞了1年大包干到户，1978年春又继续坚持，对外称"包产到组，以产计工"，实际为"明组暗户"。① 1979年2月，省委常委会正式决定在山南公社试点，使得山南的"包产到户"有了官方色彩，这也是山南名扬全省的关键原因。

表2-2 小岗村及周边各个社队的改革实践

地点	实践时间	内涵	说明
凤阳县小岗村	1978年11月	"包干到户"	有契约可以确认
肥西县山南小井庄	1978年9月	"包产到户"	官方试点、后被取消
来安县十二里头	1978年10月	"包产到户"	有多人采访记录
定远县篆山大队	1978年春	"明组暗户"	有统计材料佐证
全椒县蔡集公社	1978年初秋	"包产到户"	有统计材料佐证

表2-2中，比较小岗村与小井庄，小岗村"包干到户"时间最早，且有材料确认。肥西山南农村改革的优势在于是省委试点，劣势是它

① 滁州市政府发展研究中心：《中国农村改革源头志》，黄山书社1996年版，第75、86页。

的性质是"包产到户"且曾经中断过。

（三）政策的认同性标准：最早获得政策支持

1."大包干到组"的第一次县级组织认同

1979年2月14日至20日召开的凤阳县委工作会议，对于凤阳的农村改革意义非凡。在20日的会议上，陈庭元代表凤阳县委作总结发言时宣布，可以实行包括大包干在内的几种生产责任制，先试一年，来个百花齐放。为此，凤阳干群都把这一天定为凤阳大包干的诞生日。

之所以能够在这次会议上作出这样重大的突破性决策，与这几天密集发生的几件事密切相关：（1）在2月13日召开的县委扩大会议上，武店区、小溪河区等多数区委书记都反映了下面干部群众要求搞大包干的强烈愿望。（2）2月15日下午，滁县地委书记王郁昭到凤阳调研，听取了凤阳县要求搞大包干的意见，答应把这个意见带到省里向万里同志报告。（3）2月16日，省委召开六安、滁县、巢湖三个地区地委书记座谈会，万里同志提出包产到户等几种责任制都可以搞，特别要求把定、凤、嘉三县情况专门研究一下。会议期间，王郁昭把凤阳县想搞大包干的意见报告了万里同志，万里同志说可以搞。（4）2月17日下午至18日上午，滁县地委召开各县县委书记和农办主任会议，转达了万里同志同意凤阳县委搞大包干的意见。（5）2月19日凤阳县委举行常委会会议，讨论时虽有分歧，但基本达成共识，认为大包干办法可以搞。

1979年2月21日，凤阳县委即向滁县地委作了《关于召开县委工作会议的情况报告》。报告指出，在县委工作会议上，绝大多数同志认为，在生产队统一核算和分配的前提下，包工到组，联系产量计算报酬，实行超产奖励的管理办法好。还有很多同志要求实行大包干，认为这种办法简便易行，更能调动群众集体生产积极性。关于大包干问题，县委反复进行了讨论，认为在不包产到户、不分田单干的前提下，只要能够增产，办法可以多一点，同意试行。并告诉群众，出了问题由县委承担，不要下面负责。

在这个时间节点，县委工作会议上作出集体决策、公开宣布可以搞"大包干"等生产责任制，并向地委、省委作正式报告的，全国范围内是第一次出现。

2."大包干到户"的第一个区委管理办法

随着小岗村"包干到户"办法透露出来以后，引起干部群众的高度关注和普遍仿效。面对基层干群"包干到户"的高涨热情，1980年4月，小岗生产队所在的板桥区委正式作出《中共板桥区委关于农业生产实行"包产到户"责任制的几点意见》，对小岗村创造的"包干到户"以及周边群众效仿小岗大包干的实践办法予以组织认同和进行政策规范。板桥区委的这个"几点意见"，是党的十一届三中全会以后，中国农村的第一个关于"包干到户"的管理办法，意义重大。特别是声讨"单干""分田到户"的呼声此起彼伏之际，板桥区委把"包干到户"作为"包产到户"的一种形式，并以"包产到户"的名称公之于众，体现了改革担当精神。凤阳县委在接到这个报告后，立即组织县委政策研究室赴板桥区（包括小岗村）对该区的包产到户情况进行调研，撰写出《关于板桥区委实行"包产到户"情况的调查》，并将调查报告刊载在县委《情况反映》1980年第7期上印发全县；板桥区委的"几点意见"也在《情况反映》1980年第9期上全文印发并加编者按，转发其他区委。这是凤阳县委第一次以公开文字的形式，支持"包干到户"的推行，同时及时解决了包干到户过程中出现的各种新问题，规范了它的健康发展。板桥区委"几点意见"和凤阳县委政研室的调查报告的印发，标志着以陈庭元为代表的中共凤阳县委正式同意"包干到户"，并予以了推广。

3."大包干到户"的第一份县委确认文件

随着邓小平同志1980年4月2日和5月31日讲话精神的传达，凤阳干部群众更加坚定了农村改革的信心和决心。从最初的小岗一个生产队偷偷摸摸搞，到周边生产队仿照着搞，从县委1980年7月初的"区委书记会议"上决定凤阳县东边三个区可以搞、西边四个区不可以搞，到8月7日"区委书记汇报会"最后一次规定只有城南、城西两个公社不可以搞，"包干到户"已经在凤阳县水银泻地般地铺开了。面对这样的发展形势，1980年9月1日，凤阳县委顶着巨大压力，以县委政研室的名义第一次向全县社队印发了《关于农业生产包干到户的管理办法（草案）》。管理办法对生产资料的使用与管理、包干合同的签订与兑现、集体企事业的经营管理、队与户之间的责任和权利关系、干部职责与奖惩等方面全面作出了规范。这是凤阳县委肯定"包干到户"的标志性文件，也是中国县级组织最早制定的"包干到户"的管理办法。对于中国农村改革来说，这是一份开拓性的文件，标志着凤阳县委对"包干到户"的正式肯定。

此后，"包干到户"在凤阳进入完善发展阶段。1981年5月16日，凤阳县委印发《关于进一步加强和完善包干到户生产责任制的意见》，1982年制定《关于包干到户管理办法》。由小岗村民首创，得到各级干部保护的大包干到户责任制日趋完善，并快速走向全省、走向全国。

（四）地方政府的支持性标准：万里同志亲自认可

有的学者认为，肥西山南的包产到户属于"省委试点"，而其他地方（包括小岗村）不是"省委试点"，据此得出山南的改革最具政策效应，是安徽农村改革的源头的结论。笔者以为，对这个标准和推论要作详细分析。省委之所以选择山南做"包产到户"试点，它离省会合肥比较近是一个关键性原因。作为试点后，万里同志曾2次赴山南调研，表达关注和支持。滁县地区虽然没有被正式确定为省委试点，但是，由于滁县地区的主动、率先突破意义重大，万里同志数次亲临滁县地区调研指导农村改革工作（见表2-3）。

表2-3　1977年8月至1980年1月万里同志来滁重要调研活动表

调研时间	调研内容和作用分析
1977年8月至11月	多次深入滁县地区的定远、全椒、嘉山等地开展调研，了解农村发展状况，寻找农村改革突破口
1977年10月4日	到凤阳调研，了解农民"外流"情况，并到中都城调研
1978年1月中旬	到定远走访，了解群众过春节等生活情况，感叹"农民实在是穷啊！"坚定了改革决心
1978年3月16日	深入定远、全椒、嘉山、来安、天长等地开展春耕生产调研，化解"张浩来信"造成的负面影响，稳定生产责任制
1978年7月19日	到凤阳检查工作，听取关于马湖公社实行联产责任制汇报后，对其做法给予肯定和支持，并安排专人来调研

调研时间	调研内容和作用分析
1978年9月11日	到凤阳察看灾情，并在凤阳召开定远、凤阳、嘉山三县负责人会议。此次调研，既为度过灾年提供了物资援助，又为开拓新的农业生产责任制打下了思想基础
1979年6月5日	到定远县藕塘区和凤阳县调研，对"凤阳大包干"予以肯定，使其在凤阳迅速推广，大包干这个名词迅速走向全国
1980年1月23日、24日	到嘉山县和凤阳县小岗队调研，特别对小岗大包干给予充分肯定，最终使得小岗大包干风靡全国

从表2-3可以看出，万里同志非常重视滁县地区的农村改革，在滁县地区农村改革的每个关键时间节点、每个重要实践场景，万里同志都是亲自来滁调查研究，给予即时性的、面对面的支持和鼓舞。万里同志对小岗村的改革突破更是大为赞叹，除了安排省委政研室现场调研外，在即将离开安徽赴中央任职之前，他专程到小岗村调研，并予以充分肯定，说明滁县地区改革、特别是小岗村改革得到的省委支持一点儿也不比山南逊色。

（五）政策扩散效应标准：最具示范性

山南改革由于是省委试点，对省内其他地方实行"包产到户"确实起了一定的示范、带动作用，但是其带动作用主要是局限在县内、省内；而且由于其后来在政治交锋中"取消试点"，这对于坚持农村改革来说，产生了很大的负面效应。山南包产到户改革的特点是有省委推动。因为它是省委选定的试点，所以省委在其中发挥了巨大推动作用，其自上而下的力量大于自下而上的力量。如果说山南改革拥有巨大价值，也应该主要归功于安徽省委决策，其主功不在下而在上，小井庄作为地方实践创新的标志性意义反而被大大稀释。

而小岗村"包干到户"改革的特点，是小岗农民自发的伟大创造，地方党组织和政府主要是因势利导。它一经报道，就引发了从县内到地区，从省内到全国，乃至全世界改革的正面效应。首先，它得到了国内新闻、文化、理论界的普遍而热烈的关注。自1977年到1983年，全国各地报刊，如《人民日报》《光明日报》《解放日报》《文汇报》《中国青年报》《中国农民报》《解放军报》《工人日报》《经济日报》《安徽日报》等先后发表凤阳大包干的文章共200多篇。这些文章从各个方面介绍了大包干的做法和效果，有力地宣传了这一新生事物。中央新闻电影制片厂拍摄了纪录片《说凤阳》和《来自农村的报告》；上海电影制片厂以大包干为素材，拍摄了故事片《鼓乡春晓》；安徽电视台拍摄了电视片《花鼓女》；中央电视台和上海电视台进行了有关大包干的专题报道。这些作品真实地反映了凤阳的坎坷经历和沧桑巨变，为宣传和推行大包干作了大量的工作。据滁县地委政研室不完全统计，从1978年至1982年的5年，《人民日报》每年刊发滁县地区农村改革文稿10篇左右，其中1981年刊发达到28篇；《安徽日报》刊发滁县地区农村改革文稿近320篇，其中，1978年为37篇，1979年为55篇，1980年为59篇，1981年为122篇，1982年为43篇。其次，小岗大包干消息传出以后，来自全省各地、全国各地的各种考察团体络绎不绝。据凤阳县统计，从1979年到1983年，全国有29个省（自治区、直辖市）将近6万人次来过凤阳，绝大多数到过小岗村学习考察。据滁县地委政研室不完全统计，地委政研室参与接待的带着公函来小岗参观考察的单位涉及28个省份、454个县（市）、50多个高校、24家新闻单位及大量理论研究单位、部队等。小岗大包干迅速在全省、全国产生了原来不可想象的巨大号召力。

特别有意义的是，小岗大包干曾经给习近平总书记留下深刻印象。据相关资料记载，"1978年5月上旬，习仲勋同志委托齐心和即将赴广东省担任省革委会副主任的黄静波同志到安徽合肥、滁县、全椒、金寨等地，参观考察安徽农业农村工作，在清华大学读书的习近平同志随行。"①这次安徽之行，滁州给习近平同志留下了深刻印象。2014年两会期间，他在回应滁州市市长的邀请时说，我也请你向父老乡亲转达问候。我对滁州很有感情，记忆犹新。1978年去搞调查研究，印象很深，我有笔记，还能翻出来。另据中宣部"党建网微平台"2015年7月31日发布的长篇通讯《县委大院来了个年轻人——习近平的正定往事》记载："1978年小岗村农民以按手印的方式首创'大包干'，1982年1月1日，中央农村工作一号文件首次正式确立包产到户责任制。习近平同志去正定时，河北省尚未启动，正定县老干部相当谨慎，认为省里没有文件不能搞。习近平同志看到这是今后农村发展的方向，偷偷派三个干部到小岗了解情况。回来后，白天调查了解农民的想法，晚上召集几个人讨论。在习近平同志的推动下，当时的正定县委反复讨论研究，决定在经济落后、农民生活水平低、离县城较远的双店乡做试点。一年后，该乡人均年收入由过去的200元增加到400元。1983年1月，正定县委印发了包干到户责任制办法，提出土地可以分包到户。"大包干在正定的全面推广，开创了河北省农村改革的先河。

---

① 《中国共产党安徽一百年大事记（1921—2021）之二》，《安徽日报》2021年11月4日。

小岗大包干还引起了国际上各方面人士和团体的关注。到1985年为止，凤阳县就接待过来自日本、朝鲜、孟加拉国、美国、加拿大、英国、法国、意大利、苏联、巴西等26个国家和联合国区域发展中心等国际组织的130多位国际友人以及华人、华侨，还有来自港澳台的同胞300多人次来到小岗村参观考察。小岗大包干的创举传遍了全世界。

改革初期，许多党和国家的领导同志亲临小岗村调研，赞叹小岗村改革实践的伟大创造。后来在中国农村改革和发展的关键时刻，江泽民同志、胡锦涛同志都来到小岗村，宣示改革态度，推动新的农村改革。特别是习近平总书记于2016年4月亲临小岗村调研指导工作，并主持召开中国农村改革座谈会，为推动乡村振兴确立方向，为保障农民权益作出保障，为全面深化农村改革作出指导。几任中央领导亲临小岗村，充分说明了小岗村的改革是最为成功的改革。

从上述五个核心要素，即改革的本质内涵、改革实践发生的时间、改革的政策认同、改革的组织支持、改革的政策扩散效应等方面看，小岗村"中国农村改革第一村"实至名归。无论是包产到户，还是包干到户，或其他联产责任制形式，都是中国农民的伟大创造，都是一种人民主体的创造行为，都是对原人民公社体制的冲击，都是走向家庭联产承包责任制的一个环节或曾经的一次历程，作为历史发展的一种必然趋势（人民公社体制必然要被家庭联产承包责任制所代替），不可能只出现在一个地方或仅仅局限于一个生产队，更不可能由一个生产队就完成农村改革的历史使命。凤阳马湖公社、来安前郢生产队、肥西小井庄、凤阳小岗村、定远篆山大队、小岗村附近的小贾生产队等，它们都起到了特定的改革先锋作用。

因此，从大历史观强调的总体史观来审视农村改革源头问题，凤阳、来安、肥西、定远等都是某种具体形式的联产承包责任制的起源地，各种形式的责任制在产生时间上虽有先后，但在性质和内容上有着密切的继承和发展关系。包产到组是初级形式，包产到户则向前迈进了一步，包干到组又前进了一步，大包干到户才是彻底的成熟的改革形式。农村改革的兴起是我国全方位历史性变革的先导，显然不能简单地以上述某一形式的联产承包责任制的产生来划定界限，而应该将它们视为一个整体，不能割裂从产生到成熟的过程。只有这样，才能承受历史赋予的莫大荣耀。正是在这个意义上，习近平总书记考察小岗村时指出，小岗大包干是中国改革的"一声惊雷"和"标志"，"小岗村是中国农村改革的主要发源地。"在"发源地"之前加上"主要"两个字，既充分体现了大历史观的科学境界，又充分表达了小岗大包干创举的历史地位。

二、小岗大包干创举的生成逻辑

要回答小岗村村民为什么会率先创造出"包干到户"这个问题，起码包括两个大的方面需要论证：一是小岗村为什么会在1978年底走"包干到户"这条路，且坚持下去；二是其他地方为什么没有在这个时间点之前搞"包干到户"。这两个问题其实都很难回答，因为历史发展本身就具有偶然性，特别是第二个方面的问题，不可能穷尽分析每一个地方的每一个村庄。事实上，这两个方面又是辩证统一的，而历史发展的偶然性和必然性之间是贯通的。恩格斯在《路德维希·费尔巴哈和德国古典哲学的终结》中指出："被断定为必然的东西，是由纯粹的偶然性构成的，而所谓偶然的东西，是一种有必然性隐藏在里面的形式。"① 必然性和偶然性是揭示事物发展的稳定性和可变性的一个范畴。必然性是由事物的本质联系所规定的、确定不移的发展趋势。偶然性是事物发展过程中由非本质联系引起的不确定的现象，它可以发生，也可以不发生，可以这样发生，也可以那样发生。小岗村农民创造农业大包干，是历史发展的偶然性与必然性贯通的结果。既有地理、历史原因，也有现实环境因素；既有主体素质因素，又有客体存在因素；既有地方社会发展特殊性影响因素，又有宏观政治普遍性影响因素。农村人民公社管理体制不适应生产力发展水平会进行变革，这是必然性。但是这个变革发生在何时、何地，以何种具体形式、何种主体承担等问题，又带有一定偶然性。但是，它一定会发生。

大历史观强调要把握历史发展的"大本质"，即事物发展的主题、主线、本质和主流；强调要把握历史发展的大趋势，洞察历史发展的内在规律、内在逻辑，这对具体把握某一历史事件的偶然性与必然性，有非常大的方法论意义。运用大历史观来探析小岗大包干的发生机理，既可行又必要。

（一）自然地理逻辑

一方水土养一方人。凤阳县位于安徽省东北部，淮河中游南岸，

---

① 《马克思恩格斯选集》第四卷，人民出版社2012年版，第240页。

"南是山，北是湾，中间丘陵夹平川"。岗丘与浅山占全县总面积的85.7%。地势南高北低，南部以侵蚀剥蚀山、丘陵为主，山丘麓部为起伏岗地，中部为稍有起伏的河流阶地和岗地，北部为坦荡的冲积平原。

全县土地总面积194950公顷。湖泊水面4035公顷，河流水面4319.9公顷，水域面积合计8354.9公顷。气候呈北亚热带向南温带渐变的过渡特征，气候温和，四季分明，光照充足，水热同季，干冷同期，无霜期较长。适宜农林，盛产水稻、小麦、鱼虾、玉米、大豆、花生等农产品。境内矿藏丰富，已探明金属、非金属矿种37种，其中石英岩储量在100亿吨以上。境内有淮河、濠河、板桥河、小溪河、天河、窑河、鲍家沟、池河8条主要河流，共长325.3千米，其中淮河流经境内长52.5千米，年平均过境水量262亿立方米，境内其他7条河流总径流量2.78亿立方米，流域面积总计1749平方千米。

民谚说："走千走万，不如淮河两岸。"然而，历史上，由于黄河数次夺淮入海形成巨大地理变迁，淮河因此而主河道壅塞梗阻、支流闭塞不畅、河堤屡次溃决，给流域内的人民生活带来巨大灾难。凤阳县北部地区沿着淮河，特别怕涝，南部是岗丘，又特别怕旱，导致该地区出现下雨多了必有涝灾，下雨偏少就必有旱灾，甚至出现旱涝灾害同时发生的现象。小岗村坐落在凤阳县东北部，西距县城30多千米，属于岗丘之地，水资源严重不足，森林资源、矿产资源、野生动植物资源、水利水产资源等几乎空白，地薄土瘦，肥力不足，可以种植的水稻、小麦、玉米、花生等农作物相比较于周边地区单产一直偏低，"十年倒有九年荒""身背花鼓走四方"等顺口溜就生动反映了该地区特别是小岗村的自然地理条件之差和生活流浪动荡之态。

在这样多灾多难的地理环境下生存的人们，形成了独特的群体性格和风土人情。《凤阳县志》称凤阳人民"饥寒困苦，他处人所不能忍者，独能忍之"。具体来看：一是由于处于贫乏之地只能通过多付出辛勤劳动汗水来弥补自然地理的不足，因而具有勤劳刻苦谋生活的韧劲；二是由于灾害多发常常被迫外出寻找食物度过饥荒，因而具有流浪闯荡求生存的闯劲；三是由于多次面对灾难冲击往往在关键时刻需要断然取舍或选择，因而具有破釜沉舟的果敢；四是由于虽然屡遭灾难但还是要活下来，因而具有破产后再次创业的恒心；五是由于灾害频繁导致难以集聚大的财产，再加上千辛万苦集聚的一点财产屡屡因灾破坏而形成缺乏集聚恒产的信念和意识，乡村中极少见富豪大院、亭台楼阁、地主大庄园等。这当然也是小岗村村民的群体性格，简要概括为韧劲、闯劲、果敢、有恒心无恒产等。这样的人群性格，为发生农业大包干创举提供了群体性格支撑。

（二）历史人文逻辑

对凤阳影响最大的历史人物，莫过于朱元璋。他于1368年建立大明王朝。明文化以及明朝初年的移民文化对于凤阳的人文历史影响巨大而深远。

1. 明文化对凤阳的影响

朱元璋领导推翻元朝残暴的民族压迫统治，恢复了中华衣冠制度、典章文物、审美情趣，把中华文化发扬到一个新的高度，并第一次向西方世界全面展示中华文明辉煌灿烂的程度。凤阳作为明王朝的"帝乡""中都"，自然拥有那份放眼天下、舍我其谁的豪气和霸气，以及中华民族固有的志气、骨气和底气。

明文化思想对后世的影响，要数王阳明的"心学"为最。他的思想强调"致良知""知行合一"，并且肯定人的主体性地位，将"人"的主动性放在学说的重心。王阳明的弟子王艮在滁州更进一步提出"百姓日用即道"，肯定平民百姓日常生活的意义，为向着民本主义方向发展奠定基础。而且，滁州是王阳明传播其学说的望地，"阳明书院"成为琅琊山下的一个人文精神坐标，位于琅琊山下的南京太仆寺亦是阳明学说的展现之地。"知行合一"思想对滁县地区、对凤阳县的影响长久而深刻。

2. 明朝初年的移民文化对凤阳的影响

明初大移民，是中国历史上规模最大、历时最长、范围最广的官方移民，主要是将山西洪洞大槐树地区近百万民众移民至中原地带。明初大移民还包括其他一些规模相对稍小的移民，比如，将江南民众迁徙至凤阳的移民，将汉族人迁徙至云南的"移民实边"等。通过移民屯田，奖励垦荒，对明朝初年快速恢复生产、增加人口、发展经济、开发边疆等都具有一定的历史意义，并产生了相当深远的历史影响。

明洪武七年（1374年）10月，为了充实由于连年战乱而缺失的凤阳府人口，朱元璋决定将江南一带约14万民众强行迁徙至凤阳垦荒屯田。这是中国移民史上由政府用行政手段强行将南方民众移居北方的数量最多的一次大迁徙。由于移民人数多、时间紧、任务急，富庶江南的民众极少有人愿意前往贫乏的北方凤阳，因而明朝政府采取了暴力的"押送"方式。当时的江南文人用"嗟我忆昔来临濠，亲友相送妻孥号"来记述明朝初年江南民众被迫迁徙到凤阳的凄惨景象。当14万江南民众来到凤阳之时，感觉到的不是中都城的繁华美景，而是生活的艰辛失望。俗话说，"天上星多月不明，地上官多民不宁"。这里是产生明朝王侯将相、三公九卿、重臣大吏之地，各级官府、军队、卫所、衙门鳞次栉比，豪门宅第相望，即便底层的原住民也是天子的乡里乡亲，全成为守护皇陵的陵户，享受"粮差尽免"的特权。而新来的移民们仅仅享受"三年不征税"的待遇，三年后，他们成为承担政府一切赋役的工具。在土地分配上，最好的分给王公侯伯，分给军队、官府；中等土地分给原住土民；被挑拣剩下的不毛之地，才能分给这些外来移民。据《凤阳新书》记载："编民所受，皆浇薄田地，即使人人尽力，岁岁逢年，犹难冀丰穰之望。"且移民们严重缺少水车、吊橰等生产工具，没有水井，只能广种薄收，没法进行精细田间管理，水利全依靠老天爷，遇到灾年，必然出现挖草根、刮树皮度日现象。经济生活如此困难，再加上政治、文化上被压制，逃亡回江南就成为首选，然而往往逃跑不成，却换来酷刑。"说凤阳，道凤阳，凤阳本是个好地方。自从出了朱皇帝，十年倒有九年荒。大户人家卖骡马，小户人家卖儿郎。奴家没有儿郎卖，身背花鼓走四方。"这首家喻户晓的凤阳花鼓《凤阳歌》，就是凤阳移民们世代用鲜血和泪水、死亡与苦难谱写出来的。它的传唱，使得凤阳成为多灾多难、贫穷落后的中国600多年历史的缩影和象征。凤阳花鼓主要分布于凤阳县东部的燃灯、小溪河等乡镇一带，小岗村现在就属于小溪河镇，与燃灯乡近不过数里。小岗村及其周边地区村民正是凤阳花鼓的主要创作者、传承者、表演者。正是由于有这样的大历史背景，孕育出以小岗村村民为代表的凤阳人民的历史性格，即"抵御艰难的智慧、冲击屈辱的决心、抗拒贫穷的毅力、迎战动乱的胆略"。①当历史发展到1978年，小岗人面临生存危机的时候，他们的这种历史性格为他们打破旧体制、创造新体制提供了精神支撑，使得他们能够冒着风险，勇敢地作出农业大包干这样的伟大创举，再次用凤阳花鼓这种独特的方式奏唱出中国农村改革的新曲"大包干歌"。

（三）生存发展逻辑

越是贫穷的地方，往往农民改革的要求越是迫切，行动越是积极，蕴含其中的就是生存发展逻辑。

小岗生产队为什么会搞大包干到户？小岗人自己和基层干部往往讲这样一句话："穷啊！"改革开放前，凤阳县长期是安徽省著名的十大困难县之一，属于"三靠一无（吃粮靠返销，用钱靠救济，生产靠贷款，无集体经济积累）"县；梨园公社是凤阳县最穷的公社，属于"三靠一无"公社；凤阳县梨园公社严岗大队小岗生产队是这个穷县、穷社中突出的穷生产队，属于名副其实的"三靠一无"生产队。"小岗家家穷光蛋，碾子一住就要饭"，是当年周边群众对小岗队的评价。

小岗生产队，原是一个自然村。合作化前，小岗队共有34户，175口人，90个劳动力，耕种1100亩土地，粮食总产量约18万~19万斤，好的年份可达20万斤以上，每年能够交售国家4万~5万斤粮食，全村根本没有人外流。土改后基本上是单干，只有6户搞了几个月的临时互助组，没有办过初级社。1955年秋季随着全国性的合作化高潮席卷而

---

① 夏玉润：《小岗村与大包干》，安徽人民出版社2005年版，第6页。

来，在既不是出于生产发展需要，也不是出于农民自愿，且没有经过初级社的情况下，小岗村的全部农户直接入了高级社。1956年粮食收成16.5万斤，没有完成社里规定的亩产指标，每个劳动日分配为0.45元，比原来的0.65元减少了0.2元，下降了30%以上，生产积极性当即跌落。当年克服困难向国家交售粮食4万多斤，这是小岗村合作化以来的第一次、也是此后23年最后一次向国家作贡献。1957年"反右"风刮到农村，小岗村搞起了"两条道路"大辩论，农民生产积极性一落千丈，年粮食总产量仅为6万余斤，小岗队第一次吃上了国家的返销粮，用上了救济款，开始有人外流讨饭。1958年开始人民公社化运动，办起来大食堂，生产搞起"专业连"，生活上搞起军事化，原先吹起来的"十里芋峰岭，百亩菜花黄，千亩水稻丰产方"，变成"十里芋峰岭，变成茅草荒；百亩菜花黄，未收半土缸；千亩水稻丰产方，结果没栽一棵秧"。1959年到1962年春的三年间，小岗村有60人饿死，死绝6户，有76人背井离乡，寻找活路。到1962年夏天，小岗队只剩下10户、39人。1962年秋天，"责任田"之风才吹到小岗，谁知道几个月就又"改正"了。此后十年"文化大革命""大抓阶级斗争"，结果是"人心斗散了，土地斗荒了，社员斗穷了，集体斗空了"。小岗人曾算过这样一笔账：与1955年"单干"时相比，人民公社成立10周年时，小岗队的粮食产量仅是1955年的12%，人民公社成立20周年时仅是1955年的20%。

从1962年到1978年的17年间，小岗队每年分配的口粮每人只有一两百斤。生产、生活主要靠政府救济支持。从高级社以来，国家给这个队贷款15632.28元、无偿投资2425元。从1966年到1978年的156个月里，吃国家供应粮的有87个月，共吃供应粮22.8万斤，占这13年总产的65%，占集体分配口粮的79%；给生救款、社救款1.5万多元，占社员分配总额的54%；供应各类种子6.5万多斤。生产队里的10头牛，全部是国家给钱买的。过去用的犁耙等主要农具没有一件不是国家花的钱。"农民种田，国家给钱，缺吃少穿，政府支援"，这几句话用在这里是最贴切不过了。①

面对生活困难，甚至是生存危机，小岗村村民当然不会坐以待毙。他们想方设法求生活，四海为家谋出路。办法之一，就是增强副业本领。原来的小岗村，几乎家家都有手艺，据不完全统计，有会弹棉花的，有会制挂面、炸馓子的，有会磨豆腐、制凉粉的，有会拉二胡、唱曲子的，等等。在当时，提起小岗人的"百戏技艺"，远近皆知，并被贬斥为小岗太穷的原因：小岗人"太能"，走资本主义道路的人"太多"，无法医治了。

办法之二，就是外流逃荒。全队20户，不管大户小户，户户外流过，能跑能蹦的人，一律讨过饭。每年寒冬腊月，家家拖儿带女到江浙一带农村去"查户口""数门头"（即讨饭）。

然而这两种办法在人民公社管理体制下是严格限制的、不允许的。1978年，已经难以为继的村民，偏偏又遇到百年不遇的大旱灾。处于生存危机之中的小岗村村民意识到，老路再也走不下去了，唯有变革才有出路、才能生活。为了生活、生存，冒多大的险、犯多大的错也不得不干。于是乎，出现了那个冬夜的"生死约定"。

---

① 滁州市地方志办公室：《滁州农业大包干》，安徽人民出版社2015年版，第284页。

（四）村民主体逻辑

2018年12月，在庆祝改革开放40周年大会上，小岗大包干带头人被授予"改革先锋"称号，习近平总书记亲自为小岗大包干带头人代表严俊昌颁奖。1978年冬，小岗村18户农民，以敢为天下先的精神，在一纸分田到户的"秘密契约"上按下鲜红的手印，实行农业大包干，从此拉开我国农村改革的序幕。这18位带头人的红手印催生了家庭联产承包责任制，并最终上升为我国农村的基本经营制度，彻底打破"一大二公"的人民公社体制，解放了农村生产力，使我国农业发展越过长期短缺状态，解决了农民的温饱问题。"大包干契约"作为改革开放的珍贵文物，陈列在国家博物馆，彰显了小岗村作为我国农村改革的主要发源地和中国改革标志的历史地位。

大包干带头人由18位村民组成：关延珠、严立富、严立华、严立坤、严金昌、严家芝、严学昌、严立学、严俊昌、严美昌、严宏昌、严付昌、严家其、严国品、关友生、关友章、关友江、韩国云。

这个18人群体虽然都是农民，但是他们有别人不具有的特质。从历史人格传承看，他们既具有原江南地区民众的灵活俊秀、精明能干、性格温和、善于精打细算等地域性格特征，又具有淮河岸边的耿直豪爽、侠义担当、朋友义气、争强斗勇等地域性格特征。从现实生活阅历看，由于他们都经常被迫外流逃荒，见过"大"世面，历经过陌生环境的磨炼，有相当的人生见识，因而大都思想开放，不拘于限制，敢于突破常规世俗。从实际组织能力看，他们几乎人人都当过"干部"（队长或副队长），"掌过权"，具有一定的管理能力和政治洞察力，且家家都有闯荡世界的一技之长（副业本领），因而能够敏锐抓住机遇、善于利用机会。完全可以说，小岗村农民虽然生活在远离繁华的贫瘠闭塞的丘岗之地，但是思想并不封闭僵化；生活条件虽然贫穷艰苦，但是并不愚昧麻木；虽然经常外出乞讨示弱，但是并不以此为耻，反而认为这是一种生活能力；虽然是位居社会底层的农民，但是精神状态并不自卑自贱，反而是极具张扬内涵的"讲究人"品格。这些个性素质，非常有助于他们作出伟大创举。

18位村民中，严俊昌、严宏昌、严立学三人是时任队干部，是小岗"秘密会议"的组织者，是大包干带头人的"带头人"。特别是副队长严宏昌，是带头人群体的"灵魂人物"。之所以他能成为小岗大包干的发起者、领头人，与他的见识和能力有关。

严宏昌，1969年在小溪河中学上到高中一年级因贫弃学。1973年，严宏昌开始带着家人外出闯荡，先是要饭，因为身上有着读书人的"尊严"而无法心安理得，就去帮人家挖塘挖藕，再是到铁路上挖土方，3年后进了建筑队，开始在铁路各车站建房子。这与在小岗生产队的生存状态完全不同，建筑队里小工每天的工钱有1元钱，每月不休息就有30元钱，比干农活高得太多了，而技术工则工钱更高。他从小工干起，一直干到五级工，每天达到3.27元，每月100多元，而且，他学会了看图纸、做预算、进行简单设计。后来他自己拉起了一支建筑队伍，成了"包工头"。他运用承包制派活，一天就那么多活，只要保质保量地干完，就可以提前下工，因此所有的人都有工作的热情和效率。这个当"包工头"并实行"派活责任制"的经历，深深改变了他的认知。1978年，严宏昌被公社当作能人"强迫请回"小岗村担任副队长。

当年凤阳因为百年不遇的特大旱灾而几乎颗粒无收，农民们更大规模地外出讨饭。严宏昌在村子里读书最多，他开始思考，是什么造成了全村人穷困潦倒？他认识到，"大锅饭"是饿肚子的根源。他还注意到农民在自留地上的生产积极性很高，一亩自留地上种出的粮食，胜过生产队二十亩地。经过与队长严俊昌、会计严立学的沟通，挨家挨户走访谈心，特别是征询老人的意见之后，他决心要搞分田到户。于是，1978年11月24日的深夜，在一间破草房里，严宏昌等三位队干部带着其他15位农民，神情紧张地在一张字据上按下红手印，把村里的田地分给各农户。

严俊昌和严立学，是另外两位推动"小岗秘密会议"的组织者。严俊昌，时任生产队队长，是推动大包干的"第一责任人"。虽然文化不高、识字不多，但是很有见识，为人耿直，此前曾经两次担任生产队副队长，都是因为与上面派来的驻村工作组说不到一块去，反感他们搞"政治挂帅"不抓农业生产，自己主动辞职不干的。他家当时有8个孩子，只有一间泥屋，生活极其困难。他深深感到，大呼隆、瞎指挥、穷过渡，收不到粮食，就没有饭吃，就只能去逃荒。所以，当副队长严宏昌提出要"一竿子包到户"的时候，他立即赞同"咱们就套着包干到组的办法，搞个包干到户不行吗！""只要社员一致同意，就偷着干，出了事，咱们几个顶着，撤职、处分都行，只要能增产，总不能开除咱们的社籍吧！"在那个冬夜的"秘密会议"上，严俊昌对参加会议的村民们宣布："全县都在搞'大包干到组'，咱们干脆搞'大包干到户'。"自此，大包干到户在小岗村开始了。

严立学，按大包干红手印时是生产队会计，应该算大包干的"3号人物"，他是凤阳县临淮中学毕业，是当年村里少有的几个读过初中的文化人之一，他与严俊昌、严宏昌一起谋划、组织推动了"大包干到户"。

发挥关键作用的还有关庭珠。当生产队领导班子的年轻人在焦急地寻找新门路的时候，关庭珠说："1961年的救命田很中用，一干就增产。"一下子就打开了三位队干部的思路。还有严家芝老人，在那晚聚会时，是他首先打破沉寂，捅破大包干这层窗户纸："要想叫大家不吵不闹，都有碗饭吃，只有分开一家一户地干。"还有关友江、严学昌等，都是包到户的坚定支持者。

正是这样的一个群体，他们认识一致，互相推动，共同谋划，共担风险，共成大事。这就是小岗首创大包干特别的农民群体逻辑。

（五）红色基因传承逻辑

皖东地区是一片红色热土，红色革命历史悠久，红色资源丰富广泛，红色基因代代传承。据2021年统计，滁州市现存革命遗址约158处，其中，重要党史事件和重要机构旧址约58处、重要党史事件及重要人物活动纪念地约50处、革命领导人旧居5处、整合后的烈士墓约35处、纪念设施约19处。皖东地区红色基因的形成历史生动而厚重。

新民主主义革命时期，皖东地区党组织带领广大军民浴血奋战、百折不挠，革命斗争风起云涌、波澜壮阔，书写了皖东革命斗争的精彩篇章。皖东地区党组织的创立，是马克思主义与工人运动相结合的产物。据相关统计，1919年仅凤阳的产业工人就有约1500人，他们在与资本家的斗争中，革命性和反抗斗争精神逐步展现，为党组织的创立奠定了阶级基础。1925年7月，在南京、上海读书的凤阳籍进步青年朱皖白、陈醒梦先后加入中国共产党。1926年2月，他们回到凤阳，发展省立第五师范学生刘麦溪入党，成立了中共凤城临时小组，这是皖东地区建立最早的党组织。同年5月，中共滁县独立支部成立。1927年2月，中共凤城支部成立，10月，中共凤阳特支成立。

土地革命战争时期，皖东革命运动充分展现了大别山精神。广义的大别山脉也称淮阳山脉，其向东延伸为淮阴山脉，包括现在皖东地区的五尖山、琅琊山、张八岭、老嘉山等在内。总体上来看，它们都是大别山脉的余脉，处于江淮之间，其人文地理相通，民众生活相交，语言风俗相近，革命斗争精神的展现也基本相同。大革命失败后，皖东地区党组织屡遭破坏，在曲折中发展。1929年3月中共凤阳县委成立。1931年3月，中共定远县吴圩区委成立，8月，在此基础上成立了中共定远县委，成立了县红军司令部，组织领导了声势浩大的吴圩农民暴动，直接参加暴动的农民1000余人。1932年8月，凤阳、定远两县党组织因叛徒出卖遭到破坏，许多党员、团员和革命群众惨遭杀害。幸存者有的转移外地寻找党团组织；有的隐蔽农村坚持斗争。"实行革命，阶级斗争，服从纪律，牺牲个人，严守秘密，永不叛党"，正是这一时期共产党人革命斗争精神的真实写照。

抗战时期，充分展现了新四军的铁军精神。1938—1939年间，按照中共中央电令，由原鄂豫皖边区红二十八军和桐柏山红军游击队改编而成的新四军第四支队进驻皖东，同时，也把大别山根据地红军的斗争精神直接植入皖东。1939年12月，受中共中央委派，刘少奇同志来到皖东，分别在滁县瓦屋薛、定远县藕塘山黄家、大桥湾杨村召开三次中原局会议，亲自领导创建了皖东抗日根据地，党组织建设、政权建设、军队建设各方面稳固发展。皖南事变后，为吸取教训，1941年3月，新四军二师在天长县赵庄召开了全师政治工作会议，在全军率先提出"为建设铁的正规化党军而奋斗"的口号，并且提出了正规化党军建设的6条标准，从而保证了党对军队的绝对领导，提高了战斗力。这一时期，一批党的领导人和新四军将领，如刘少奇、徐海东、张云逸、罗炳辉、高敬亭、郑位三、汪道涵等，都在皖东大地留下了战斗的故事。

解放战争时期，充分展现了伟大的渡江精神。遵照党中央实行战略转移的战略决策，主力部队和党政军机关奉命北撤，津浦路东、路西的党组织和游击队坚持与国民党反动派进行不屈不挠的斗争。1949年1月16日至25日人民解放军全面解放了凤阳、炳辉（天长）、定远、明光、来安、滁县、全椒。渡江战役打响后，皖东军民响应江淮区党委号召，全面行动、支援前线。驻扎在滁州的人民解放军第三十五军挥师过江，占领南京总统府，在新中国史上留下了浓墨重彩的篇章。在解放战争时期，这里孕育的渡江精神，其基本要旨就是"军民团结、一往无前，坚定信念、革命到底，勇于担当、无私无畏"。

社会主义革命和建设时期，中共滁县地委领导人民自力更生、发愤图强，特别展现了治淮精神，书写了社会主义革命和建设的精彩篇章。中共滁县地委正确领导开展了土地改革和各项民主改革，迅速抚平了战争创伤。"一五"期间基本完成了对农业、手工业和资本主义工商业的社会主义改造，建立了崭新的社会主义制度。在社会主义建设过程中，滁县地区是治理淮河的重点区域，是国家重要的产粮基地，是驷马山灌溉工程的关键地区，各项工作有序展开，成效巨大。特别是在治理淮河过程中，皖东人民生动展现了艰苦奋斗、战天斗地的治淮精神。其中在"泊岗引河工程"中，淮河两岸群众付出了巨大代价，作出伟大贡献，最终使得泊岗成为千里淮河中唯一的四面环水的美丽岛乡。

分得了土地的小岗村民，翻身做主人，在中国共产党的领导下，自始至终坚持跟党走。当1978年我们党开始解放思想，实行变革之时，他们又以主人翁的姿态冲在前面，敢为人先，率先突破。

当然，传承着红色基因的滁县地区民众大量的改革实践探索也对小岗村改革产生了促进效应。面对1977—1978年的特大干旱，滁县地区农民根据1961年初推行"责任田"的经验，开始自发改革。1978年2月，来安县烟陈公社魏郢生产队实行"包产到组"。来安县十二里半公社前郢生产队实行"包产到户"。"包产到组""包产到户"逐渐被许多社队所效仿。在滁县地区带有普遍性的农村改革探索中，小岗村先是分成4个作业组，后又分成8个组，群众均不同意，最后干脆一竿子到底——包干到户。此后，大包干迅速形成浪潮。1981年6月，皖东地区96%的生产队实行了大包干，剩余生产队也很快推广。

（六）中国共产党的初心使命逻辑

小岗村民的"分田到户"之所以会发生，之所以发生之后没有出现村民们担心的"不好结果"，之所以小岗大包干这个"星星之火"能点燃中国农村改革的燎原之火，根本原因在于我们党坚持解放思想、实事求是，顺应时代发展潮流，尊重人民首创精神，始终坚守为中国人民谋幸福，为中华民族谋复兴的初心使命。

马克思和恩格斯在《共产党宣言》中指出："共产党人……他们没有任何同整个无产阶级的利益不同的利益；共产党人强调和坚持整个无产阶级共同的不分民族的利益。"马克思主义政党代表整个无产阶级的利益，人民性是马克思主义政党的本质属性。

以马克思主义为理论指导的中国共产党在自己的第一个组织章程决议案，即1922年党的二大通过的《关于共产党的组织章程决议案》中指出了我们党的两个"铁律"，即"我们既然要组成一个做革命运动的并且一个大的群众党，我们就不能忘了两个重大的律：（一）党的一切运动都必须深入到广大的群众里面去。（二）党的内部必须有适应于革命的组织与训练"。第一个"重大的律"就是我们党是人民政党，"人民性"是我们党的本质属性，我们党完全代表人民利益，为人民利益而奋斗。现行《中国共产党章程》中最直白地规定了自己的政党属性："党除了工人阶级和最广大人民群众的利益，没有自己特殊的利益。"正如习近平总书记指出的，我们党的初心使命就是为中国人民谋幸福、为中华民族谋复兴。第二个"重大的律"就是我们党为了实现和保证第一个"重大的律"必须做到具有严密的组织性和严肃的纪律性。这两个"重大的律"就是我们党的规定性，揭示的是我们党的初心使命。

虽然我们党在推动农业发展农村进步农民幸福的过程中曾经犯了"左"的错误，但是我们党的伟大，恰恰就在于犯了错误能够及时纠正。当我们党意识到农村人民公社体制不适应生产力发展要求，不能带给广大农民富裕生活的时候，能够自我觉醒，能够拨乱反正，能够尊重人民群众的主动性选择，自觉地把维护农民群众的切身利益作为工作和政策的价值导向。所以，当小岗村既不符合当时政策规定也不符合当时法律规范的"分田到户"出现之后，党的基层组织、地方政府不是不问青红皂白扼杀它，而是包容它、维护它、规范它、完善它，使得它能够发生，发生后能够存在，存在后能够得到呵护，效果显现之后能够得到大力推广。这些都足以反过来证明，小岗村村民在作出"冒险"行动时，心中是充满对党的信任，对政府和社会的充分信任的。这种信任是他们能够作出伟大创举的内在的、根本的、深刻的内因。

具体来看，小岗村民的伟大创举有必不可少的宏大社会背景。一是政治领导上，邓小平同志刚刚复出工作，就安排万里同志到安徽领导工作，万里同志到安徽抓的第一件事就是"清帮"治皖，使得安徽具有了正确决策的政治生态和领导环境。二是思想理论上，开展了真理标准大讨论，破除了"两个凡是"的僵化错误思维，恢复了实事求是、一切从实际出发的正确思想路线。安徽在万里同志的领导下，开展了更加务实有效的思想解放运动，坚持一切从实际出发，开展调查研究，了解民情民意和农业生产实际，出台"省委六条"，吹响农村改革冲锋号。三是党的十一届三中全会拨乱反正，作出党的工作重心转移的战略决策，使得调整生产关系，发展生产力，进行现代化建设成为时代的主要任务。安徽省委"借地度荒"发展生产的创造性决策，给了广大农民根本的思想触动和极大的现实启发，使得"包到户"成为可能性选择、必然性归宿。

总而言之，小岗村之所以首创大包干，有长期的社会历史原因，也有深刻的地理人文因素；既有村民自身的特殊原因，也有党的执政理念影响下的普遍社会心理因素；既体现农业生产发展体制变革的需求，也体现中国社会各领域的发展变革的需求。这些因素相互影响、相互缠融、相互交流，共同促使小岗大包干发生、发展。

第三章　小岗大包干创举蕴含着宝贵的精神财富

一、小岗村40余年改革发展实践历程回顾

从1978年小岗首创农业大包干这一生产经营责任制开始，40余年来，通过对农村基本经营制度的巩固和完善，对农村土地制度改革的不断深化，农业农村农民问题的进一步解答，乡村振兴战略的实施，中国乡村发展活力持续激发。有专家学者对中国农村改革发展提出了四次演进分析法，非常值得借鉴。即1978—1984年，向重塑生产经营主体和实现农产品全面快速增长突围，实行政社分设；1985—2001年，向乡村经济社会结构重构扩展，探索形成产加销、贸工农一体化的农业产业化经营模式；2002—2011年，向城乡一体化和社会主义新农村建设延伸；2012年至今，向新发展理念下的乡村振兴迈进。[①]小岗村40余年的改革发展历程，大致上经历了四个阶段。

（一）第一阶段：1978—1984年

创造并基本确立家庭承包经营责任制。主要表现是土地承包到户，家庭经营主体地位得以确立，小岗村农户经济充满活力。

1977年底到1978年，安徽旱灾严重，省委相继出台"省委六条"和"借地度荒"政策，引发安徽农村基层改革热情，从"一组四定"到联产承包，从包产到组到包产到户，各种责任制不断出现。1978年

---

① 参见郑有贵《乡村改革发展的四次演进》，《宁夏社会科学》2018年第5期。

冬夜，小岗村18户当家人秘密商议决定分田到户，从而催生了我国的家庭联产承包责任制，并最终上升为我国农村的基本经营制度，解放了农村生产力，一举解决了广大群众的温饱问题。以大包干为核心的家庭联产承包责任制的实行，开创了小岗村生产发展、收入增长的第二个"黄金时代"。

（二）第二阶段：1985—2001年

在国家农产品统派购制度改革、农业税费改革的背景下，小岗村在面向市场生产经营时遇到"卖粮难"、"增产不增收"、税费负担加重等许多困难，小岗村农业生产发展缓慢，村民多外出务工。

20世纪八九十年代，中国农村的土地、劳动力、资金和技术等四大发展要素向城市"净流出"，农村农业普遍发展缓慢。小岗村实行大包干几年以后，温饱问题就解决了。但在接下来的近20年时间里，在农村改革中"起了个大早"的小岗村，在经济发展特别是市场化改革道路上却"赶了个晚集"：小岗村的家庭小规模生产经营与大市场一时难以真正对接；在苏南乡镇企业异军突起的情况下，小岗村因多种原因村队企业发展困难；在出现全国性乡村边缘化趋势的局面下，保持传统农业劳作模式的小岗村发展缓慢，给外界形成了"一夜跨过温饱线，20年未过富裕坎"的不好印象。

这一时期，江泽民同志考察小岗村对小岗村产生了深刻影响。1998年9月22日，在党的十一届三中全会召开20周年前夕，江泽民同志专程来到小岗村。在大包干带头人之一严宏昌家的院落里，江泽民同志与村民座谈。针对当时社会上有人担心农村政策稳定性时，他指出：

"邓小平同志开创和领导的改革开放事业，首先是在农村开花结果的，而小岗村又是率先进行农村改革的。家庭承包经营这一政策，要长期坚持下去，是不会改变的！""中央的土地承包政策是非常明确的，就是承包期再延长30年不变，而且30年以后也没有必要再变。"在谈到20年前小岗村的创举时，他说："在当年'一大二公'的环境下，你们敢于包干到户，是冒了很大风险的。你们靠的是实事求是的原则，靠的是改革的勇气，靠的是团结的力量，靠的是穷则思变的精神，说明路是人闯出来的。"他告诉村民，中央特别关注农业农村问题。现在要继续推进农村改革，进一步发展农村生产力，全面做好当前的农村工作。①

江泽民同志考察小岗村，既意味着对小岗大包干创举的充分肯定和对小岗村改革发展的高度重视，也意味着国家对农村改革和现代化建设的高度重视，随即研究制定21世纪我国农业的发展战略。1998年10月，党的十五届三中全会通过了《中共中央关于农业和农村工作若干重大问题的决定》，从经济、政治、文化三个方面提出了从20世纪末起到2010年，建设中国特色社会主义新农村的奋斗目标，确定了实现这些目标必须坚持的十条方针。

（三）第三阶段：2002—2011年

在乡村改革发展向城乡一体化和社会主义新农村建设延伸的政策环境下，小岗村采取了进一步面向市场的一系列改革新举措，主要表现是在沈浩带领下开始土地流转、招商引资、开拓交通，小岗村获得

---

① 何平、何加正：《总书记来到小岗村》，《人民日报》1998年9月28日。

了新的快速发展。

2004年2月，作为安徽省第二批选派干部，沈浩同志来到了小岗村担任第一书记。在与村民和村干部充分研讨的基础上，小岗村制定了"发展现代农业、开发旅游业、招商引资办工业"三步走发展方向，形成了建设现代农业示范村、制度创新试验村、城乡统筹先行村、文明和谐新农村的定位，为小岗村的发展找准了突破方向。其间，沈浩同志带领两委班子在农民自愿的基础上，把部分分散土地集中起来搞土地流转，推动规模经营；通过建设科技示范园，成立现代农业服务公司，创办观光旅游业，走规模化、集约化道路。遗憾的是，2009年11月，沈浩同志因长期积劳成疾，倒在工作岗位上。但是他留下了宝贵的精神财富——"沈浩精神"。

这一时期，胡锦涛同志考察小岗村对小岗村产生了深刻影响。2008年9月30日上午，胡锦涛同志来到小岗村。彼时，正值党的十七届三中全会召开前夕，专题研究新形势下推进农村改革发展问题，成了当时最被关注的议题。

在大包干带头人之一的关友江家里，胡锦涛同志与小岗村村民座谈。他说："三十年前，小岗村十八户农民率先实行了大包干的生产责任制，不仅迅速解决了自己的温饱问题，而且为全国农村改革探索了路子。"[1] 他还归纳总结了村民们最关心的三件事情，并一一作了解答。他指出，以家庭承包为基础，统分结合的双层经营体制，是党的农村基本政策的基石。我们现有土地承包关系将保持稳定并长久不变！还要赋予农民更加充分而有保障的土地承包经营权。同时，要根据农民

---

① 《胡锦涛文选》第三卷，人民出版社2016年版，第115页。

的意愿，允许农民以多种形式流转土地承包经营权，发展适度规模经营。他表示，随着国家经济发展和财力的增加，中央将不断加大强农惠农政策力度，大幅度增加对农业农民农村的投入，促进农业发展、农民增收、农村繁荣。他告诉村民们，"中央对提高广大农民生活水平高度重视，将继续采取有效政策措施，积极推动社会主义新农村建设，不断改善农民生产生活条件，不断提高农民收入水平，让广大农民共享改革发展成果，最终实现共同富裕"①。

胡锦涛同志考察小岗村，是稳定人心、关注改革的重要一步，传递出了一个重要信息，那就是毫不动摇地坚持改革开放政策，继续完善农村家庭联产承包经营责任制，并且赋予其新的内涵和新的意义。

（四）第四阶段：2012年党的十八大至今

中国特色社会主义进入新时代，小岗村大力实施乡村振兴战略。主要表现是，2012年，小岗村以"美好乡村示范村"为发展标杆，全力实施50项重点工程，加快建设幸福小岗村，实现了"两年大变样"；2016年，小岗村启动实施"三年大提升"行动计划；2021年适时提出创建"百亿小岗"奋斗目标。

近年来，小岗村围绕正确处理农民与土地的关系这条主线，不断深化农村各领域改革。一是深化家庭承包土地"三权分置"改革。2015年7月8日，全省农村土地承包经营权"第一证"在小岗村颁发，完成所有1021户、4361人、13744.8亩农村土地承包经营权确权颁证工作，

---

① 《胡锦涛文选》第三卷，人民出版社2016年版，第116页。

村民领到了"红证书",放活了土地经营权、流转权,按照"自愿、有偿、有序"原则,适度推进土地流转。二是完成集体资产股份合作制改革。小岗村成立了集体资产股份合作社,自2018年起村集体经济股份合作社连续4年分别为小岗村民每人分红350元、520元、580元、620元,成功实现从"人人持股"到"人人分红"。三是深化农村金融改革。小岗村设立了风险补偿基金,发放"兴农贷",与安徽农业担保公司合作,为新型经营主体办理"劝耕贷",开展土地承包经营权抵押贷款试点,全省首家村级乡村振兴银行在小岗村正式挂牌运营。在全县率先启动党建引领信用村创建试点工作,全国首个村级乡村振兴产业基金在小岗村设立。四是推动农村宅基地制度改革。凤阳县首批农村宅基地资格权证颁发仪式在小岗村举行,664户村民获颁房地一体不动产权证。五是加强新时代文明实践活动,推动村民社会主义核心价值观建设。

这一时期,习近平总书记亲临小岗考察具有重大历史意义。2016年4月25日下午,习近平总书记来到小岗村考察。他强调,雄关漫道真如铁,而今迈步从头越。今天在这里重温改革,就是要坚持党的基本路线一百年不动摇,改革开放不停步,续写新的篇章。

在小岗干部学院召开的农村改革座谈会上,在听取与会者的发言后,习近平总书记发表重要讲话。他首先充分肯定了小岗村在中国农村改革中的地位和作用:"小岗村是农村改革的主要发源地。在小岗大包干等农业生产责任制基础上形成的以家庭承包经营为基础、统分结合的双层经营体制,是我们党农村政策的重要基石。"[①]谈及改革开放以

---

① 《加大推进新形势下农村改革力度　促进农业基础稳固农民安居乐业》,《人民日报》2016年4月29日。

来农村改革的伟大实践，他提出，对农村改革的成功实践和经验，要长期坚持、不断完善。针对农业农村发展面临的各种矛盾和问题，他强调指出，根本的要靠深化农村改革，主线仍然是处理好农民和土地的关系。就加快农村发展，农村该如何发展现代农业，习近平总书记强调，加快农村发展，要紧紧扭住发展现代农业、增加农民收入、建设社会主义新农村3大任务，做到"三个坚定不移"。他强调要坚持"党管农村工作"，把农村基层党组织建设成为落实党的政策、带领农民致富、密切联系群众、维护农村稳定的坚强领导核心。希望小岗村继续在深化农村改革中发挥示范作用。

小岗村40余年来的发展，充分体现了小岗大包干的历史意义，特别是内含其中的精神对于推动改革、发展、稳定具有重要意义。

二、小岗大包干蕴含着宝贵的精神财富

（一）什么是"小岗精神"

什么是"精神"?《辞海》对"精神"一词作了五项释义：一是指人的意识、思维活动和一般心理状态；二是指神态的集中程度；三是指神采、韵味；四是指精力、活力；五是指内容的实质。从这五项释义中，我们可以看出，这里所解释的"精神"实际上包括两种含义：第一类指人的主观存在状态，是对人的心理、意志、情绪和心境的一种描述与概括，它不仅是人的存在状况的反映，更是对人的根本、人的内在气质的

概括与浓缩；第二类指事物所体现出来的意境、神韵或主题。

马克思主义认为，精神来源于物质生产活动，来源于分工，以现实生活为基础。思想、观念、意识的生产最初是直接与人们的物质活动，与人们的物质交往，与现实生活的语言交织在一起的。观念、思维、人们的精神交往是人们物质关系的直接产物，表现在某一民族的政治、法律、道德、宗教、形而上学等的语言中的精神生产也是这样。语言是因为生存交往的需要才产生，通过语言而产生的思想、意识、精神在历史的发展中获得了一种独立的力量。可见，马克思认为，精神是历史发展的决定性力量。处于各种意识现象的深层而又相对稳定、主导并支配着人行动的力量，具体表现为人的理想追求、生活态度、行为状态和世界观。小岗精神正是基于这一前提和基础，呈现于现实世界中，是一种普遍性的精神存在。

最早在国家级报刊中出现"小岗精神"一词，是《光明日报》2016年5月4日刊发的《重温"小岗精神" 将改革进行到底》，这是对4月25日习近平总书记考察小岗村而发的评论。评论指出，习近平总书记来到小岗村考察，重温"小岗精神"，再忆改革历程，再释改革决心。中共安徽省委也适时提出要加强对小岗精神科学内涵、历史形成、时代意义等一系列基础性问题的研究，并不断召开专项学习会、专题座谈会、理论研讨会来力推小岗精神的研究工作。

2018年，在庆祝改革开放40周年之际，新华网2月23日刊发《向着新航程扬帆奋进！——从小岗精神看中国改革开放40年》，阐述了小岗精神对于中国改革的重大意义，强调迈入新时代必须弘扬小岗精神。《光明日报》8月1日刊发《"小岗精神，是要一代一代传下去的"——

记安徽省凤阳县小岗村村民严余山的40年》，从大包干带头人的第二代事业发展的视角，提出了传承小岗精神的重要意义。10月15日，新华社特别发电《赓续小岗精神　书写时代答卷》，引发全网转载。

2021年6月，中共安徽省委理论学习中心组学习会议在小岗村召开，时任省委书记李锦斌作党史专题党课。他在党课中对小岗精神的历史地位、内涵特质、时代价值等作出了自己的阐述。

2021年10月，时任省委书记郑栅洁来到小岗调研。他强调，小岗精神是中国共产党人精神谱系的重要组成部分，是激励我们争当改革先锋、加快建设现代化美好安徽的强大精神力量；要大力弘扬改革创新、敢为人先的小岗精神；小岗村大包干的探索和推行，充分体现了我们党坚持实事求是、一切从实际出发的作风，体现了敢于探索、敢于扛责的精神。这些文章和领导讲话，为我们研究小岗精神提供了重要参考。

目前，学术研究中关于小岗精神的定义，主要有四种思路。

思路1：小岗精神＝"大包干精神"。

思路2：小岗精神＝"大包干精神"＋"沈浩精神"。持这种思路的文章非常多，比如有文章提出，大包干精神和沈浩精神共同成就了"敢于创造、敢于担当、敢于奋斗"的小岗精神；有文章指出，小岗精神主要包括大包干精神和沈浩精神，大包干精神是小岗精神的根本和核心，沈浩精神是小岗精神在新时期的延伸和丰富发展，两者相辅相成，互为一体。[①]再比如有学者这样定义：小岗精神，一是率先改革的"大

---

① 参见赵伟峰、刘菊、王才《小岗精神的科学蕴涵及当代价值研究》，《毛泽东思想研究》2017年第6期。

包干精神",二是再次改革的"沈浩精神"。[①]

思路3:小岗精神="大包干精神"+"沈浩精神"+新时代小岗村在推动小岗改革发展中展现的精神气质。比如,有文章这样概括:改革开放40多年来建设发展的伟大实践和巨大成就,丰富和升华了以"敢闯、敢试、敢为人先"为特征的大包干精神,凝练成以"敢于创造、敢于担当、敢于奋斗"为主要内涵的小岗精神。[②]又如:小岗精神是小岗人在党的领导下在改革发展40年实践中所孕育和体现出来的精神品格。[③]

思路4:把"大包干精神""沈浩精神""小岗精神"串连起来,形成从"大包干精神"到"沈浩精神"再到"小岗精神"的递进关系。

客观地讲,上述多种给小岗精神下定义的思路,都是有一定道理的,差异性在于视角不同、侧重点不同。笔者认为,"思路1"更加合理,缘于四个方面的理由。

其一,符合正确的历史观。给小岗精神下定义,必须运用大历史观,追根溯源,探究本质。定义小岗精神的关键和难点在于把握其与"大包干精神"、"沈浩精神"、新时代小岗改革发展展现的新的精神等之间的关系。小岗精神本质上是基于小岗村首创农业大包干的伟大实践及其展现的伟大改革精神,其后的小岗村发展中出现的"沈浩精神"、新时代小岗村改革发展中展现的精神等,都是对"大包干精神"的传承、弘扬或者说是新体现、新展现。所以,定义小岗精神,要抓住源

---

① 参见秦正为《小岗精神的历史形成、科学内涵与时代价值》,《廉政文化研究》2019年第3期。

② 参见《以"小岗精神"续写新阶段辉煌》,《滁州日报》2021年9月1日。

③ 参见韦泽《党的领导是"小岗精神"的本质特征》,《安徽日报》2018年4月17日。

头、抓住根本，不适合把后来的其他精神与"大包干精神"并列，或割裂开"大包干精神"的递进关系定义小岗精神。

其二，符合惯例和规范。2021年10月党中央批准中央宣传部梳理第一批纳入中国共产党人精神谱系的伟大精神中，使用地名来命名某种精神的，包括井冈山精神、延安精神、红岩精神、西柏坡精神、照金精神、南泥湾精神、太行精神（吕梁精神）、大别山精神、沂蒙精神、大庆精神、红旗渠精神、北大荒精神、塞罕坝精神、老西藏精神等，无一例外都是当年革命斗争、建设实践、改革开放中集中展现的红色革命精神，并不包括其后的传承、弘扬、体现、展现等。当然，这样规范，并不会影响它们在今天的传承与弘扬。

其三，符合中央和国家级权威媒体态度。如《光明日报》2016年5月4日刊发的《重温"小岗精神"将改革进行到底》，文章指出：重温"小岗精神"，再忆改革历程，再释改革决心。接着评论道："大包干精神"成就了"小岗梦"；"大包干精神"同样有着强烈的现实意义。并以"跑好全面小康和扶贫攻坚这场马拉松的最后一棒，或许就是对'小岗精神'和改革峥嵘岁月的最好纪念"收尾。文章中把"小岗精神"等同于"大包干精神"来使用。又如，中宣部主办刊物《党建》2018年第4期刊发的《继续发扬敢闯敢试、敢为人先的小岗精神》，直接把"敢闯敢试、敢为人先的大包干精神"表述为"敢闯敢试、敢为人先的小岗精神"，这体现的是中宣部的权威观点。

其四，符合中共安徽省委的观点。比如，时任省委书记李锦斌2021年6月18日在小岗村上党课时，对小岗精神的相关阐述，体现的是"思路1"。2021年10月7日，时任省委书记郑栅洁同志到小岗调研时强调，要大力弘扬改革创新、敢为人先的小岗精神。这里，郑栅洁同志使用的是"改革创新、敢为人先的小岗精神"，其指向无疑是"思路1"。韩俊同志任安徽省委书记期间到小岗村调研时，再一次强调要弘扬改革创新、敢为人先的小岗精神。

既然小岗精神根本上就是指"小岗村大包干蕴含的精神品格"，为什么又出现"大包干精神"这个新表述呢？笔者认为，主要是因为：（1）中国共产党对红色精神命名，有以地名来指向该地发生的重大历史事件及其影响的惯例，比如瑞金精神、遵义精神、照金精神、延安精神等。只有在地名无法准确、全面、科学表达重大历史事件及其影响时，才使用事件内容、特定时间、特定会议、核心人物、特定领域、特定现象等其他命名方式。（2）"小岗精神"比"大包干精神"在实践指向上更加精准，直指小岗村"大包干到户"这种当年在各种承包责任制中最彻底的生产关系变革。而大包干的含义比较宽泛，包括"双包到组""双包到户"等几种联产责任制形式，就连1961年河北南宫的改革也叫大包干。（3）用"小岗精神"可以更加彰显小岗村作为中国农村改革的"主要发源地"、中国农村改革"第一村"的历史地位，并且为此后小岗村的改革发展实践成就及其展现的精神寻找到可以包容的一个词语。（4）更加有利于利用小岗村现有各项政治资源和改革资源，也更加方便树立作为中国农村改革精神地标的小岗形象。因此，笔者赞同"小岗精神"这种表达和命名。

基于上述分析，以习近平总书记提出的"大历史观"为指导，我们可以给"小岗精神"下这样的定义：小岗精神以小岗村村民首创农业"大包干到户"为根本叙事对象，以中国农村初期改革为核心实践场景，以中国共产党44年来领导中国农村改革发展为宏大时空背景；它肇始于小岗又不拘囿于小岗，涵盖中国广袤农村和亿万农民；它起源于1978年大包干又承载着在此之前、之后的70多年农村改革和发展的波澜壮阔历程；它凝结着小岗村民的独特思维意识、亿万农民的普遍文化心理和先进政党卓越不凡的精神风貌等丰富精神元素。其中，"敢闯敢试、敢为人先"的"大包干精神"书写了根本主体篇章，"对党忠诚、对人民热爱，任劳任怨为老百姓干好事、干实事"的"沈浩精神"①是对"大包干精神"的一次弘扬，新时代推动乡村振兴、实现"小岗梦"过程中展现的"闯出新路子、迈出新步伐"的精神是对"大包干精神"的不断传承与弘扬。

（二）小岗大包干蕴含的精神财富的核心内涵

关于小岗大包干蕴含的丰富精神财富，有大量的研究文章。有学者概括为：敢为人先、敢于担当的创新精神，解放思想、实事求是的求真精神，诚实守信、团结合作的诚信精神，尊重民意、以人为本的民本精神；②有学者归纳为：敢闯敢试、敢为人先的创新精神，攻坚克难、自强不息的梦想精神，同甘共苦、艰苦奋斗的团结精神，深入基层、为民服务的奉献精神；③滁州本地报纸有文章把小岗精神总结为"敢于创造、敢于担当、敢于奋斗"。④还有学者认为，小岗精神是一种勇

① 《把学习沈浩先进事迹与创先争优结合起来　教育引导广大党员干部做沈浩式好党员好干部》，《人民日报》2010年7月2日。

② 参见赵伟峰、刘菊、王才《小岗精神的科学蕴涵及当代价值研究》，《毛泽东思想研究》2017年第6期。

③ 郭良瑞：《小岗精神增进社会主流意识形态认同的四维解析》，《大学》2022年第6期。

④ 参见《以"小岗精神"续写新阶段辉煌》，《滁州日报》2021年9月1日。

字当头的实干精神，一种奋发有为的拼搏精神，一种敢为人先的改革精神，一种时不我待的创新精神。[1]有学者从乡村振兴视角进行探索："以人民为中心"是小岗精神的内核，责任是小岗精神主体的意识，改革是小岗精神的永恒主题，协作是小岗精神的强大动力。[2]有学者认为，以坚持实事求是为思想基础，以保持开拓进取为精神前提，以贯彻乡村振兴为战略指导，以建设美丽小岗为发展目标，以塑造精神文明为核心要求。[3]还有学者从不同主体视角进行总结：从小岗农民层面看，小岗精神主要体现为敢闯敢干、敢为人先的改革勇气。从安徽地方党委政府层面看，小岗精神主要体现为务实创新、敢于担当的改革胆识。从中央层面看，小岗精神主要体现为解放思想、敢试新路的改革智慧。[4]其他有代表性的论述还有：敢为人先、敢于担当的首创精神，解放思想、实事求是的求真精神，诚实守信、团结合作的诚信精神，尊重民意、以人为本的民本精神；奋发图强精神，求真务实精神，奉献担当精神，团结合作精神；敢为人先的改革精神，坚持真理的无畏精神，忠诚守信的契约精神，调查研究的求实精神，为民服务的担当精神，与时俱进的开拓精神；团结合作、风险共担的诚信精神，以人为本、尊重民意的民主精神，艰苦奋斗，勤奋敬业的敬业精神；敢为

---

[1] 程芸芸：《"小岗精神"的科学内涵与精神实质》，《中共合肥市委党校学报》2018年第4期。

[2] 陶新珍：《乡村振兴背景下小岗精神的内涵及其价值分析》，《安徽农业大学学报（社会科学版）》2019年第1期。

[3] 参见陈新宇等《从改革到发展："小岗精神"的逻辑演进和时代价值》，《长沙理工大学学报（社会科学版）》2019年第1期。

[4] 参见陈俊等《小岗精神的新时代价值》，《齐齐哈尔大学学报（哲学社会科学版）》2021年第7期。

人先、敢于担当的创新精神，解放思想、实事求是的求真精神，诚实守信、团结合作的诚信精神；打破常规、"弱鸟先飞"的脱贫精神，摸着石头过河、砥砺前行的冒险精神，为官一场、造福一方的公仆精神；等等。

上述多家之言，从小岗大包干产生的时代、主题、内容、主体、政党等多重视角进行了探索，为我们研究把握小岗大包干蕴含的精神财富提供了重要参照。

在现有研究基础上，运用习近平总书记提出的"大历史观"，更加注重社会发展的历史根源、逻辑趋向、本质导向，可以对小岗大包干蕴含的精神财富的核心内涵作如下概括。

1."敢闯敢试、敢为人先"是小岗大包干精神财富的主题

之所以这样确定小岗大包干蕴含的精神财富的主题，是由小岗大包干创举的终极原因决定的。

（1）小岗大包干产生的终极原因。

小岗村为什么会首创农业"大包干"，笔者在"逻辑起点的逻辑"部分，从多个方面进行了逻辑分析，这些方面共同作用形成合力，使得小岗村村民有了伟大创造。那么，在诸多因素中，哪一个因素是促使小岗村村民毅然按下"血手印"的终极原因呢？

在关于小岗大包干创举的几乎所有的文章和报道中，"穷则思变"往往被作为小岗大包干创举的终极原因。时任队长严俊昌的"当时真是把大家饿极了"这句话被反复引用，小岗村是"三靠村"、小岗人都"穷灰掉了"、小岗人家家户户"逃荒要饭"，村民关庭珠"搞上两顿稀饭喝喝"等话语被反复论述。这些确实是历史事实。但是，它们却是历史表象，深藏其后的"人"才是根本。试问，小岗村是全国最穷的生产队吗？小岗村周边就有和它差不多一样穷、甚至比它还穷的生产队。比如1978年安徽省委分管农业的书记王光宇同志曾经走访的梨园公社前王生产队，就穷得连春节都过不下去，令省委书记无比震撼。而且，我国中西部地区，和小岗村农民一样饥饿，甚至比小岗人还要"饿极了"的生产队也是非常多的，怎么没能诞生出"大包干到户"？同样是小岗生产队，1959到1962年春的三年中"非正常死亡"60人，死绝6户，76人背井离乡，怎么当时就没有按血手印搞"大包干到户"？

要回答这个问题，就要弄清楚什么是历史发展的终极原因。历史发展的终极原因是一个历史理论术语，指推动历史发展的最根本、最原始的决定性因素。这种因素决定、支配了其他一切历史因素，并推动着历史的演化。马克思在全面考察人类社会后发现："一切社会变迁和政治变革的终极原因，不应当在人们的头脑中，在人们对永恒的真理和正义的日益增加的认识中去寻找，而应当在生产方式和交换方式的变更中去寻找。"①这样，"历史破天荒地第一次被安置在它的真正基础之上；一个很明显而以前完全被人忽略的事实，即人们首先必须吃、喝、住、穿，就是说首先必须劳动，然后才能争取统治，从事政治、宗教和哲学等等，——这一很明显的事实在历史上应有的权威此时终于被承认了"②。也正是由于找到了人类社会历史发展的终极原因，马克思唯物史观的整个科学体系才得以建立起来。唯物史观认为，生产力是人类社会发展的最根本的动力，生产力包括劳动者、生产工具和劳动

---

① 《马克思恩格斯选集》第三卷，人民出版社2012年版，第307页。
② 《马克思恩格斯选集》第三卷，人民出版社2012年版，第123页。

对象。其中，劳动者是生产力中最活跃的因素。马克思在阐述理论如何发挥作用时指出："批判的武器当然不能代替武器的批判，物质力量只能用物质力量来摧毁；但是理论一经掌握群众，也会变成物质力量。理论只要说服人，就能掌握群众；而理论只要彻底，就能说服人。所谓彻底，就是抓住事物的根本。而人的根本就是人本身。"①这一段话的最关键部分就是最后一句"人的根本就是人本身"，一切历史发展还是要把"人本身"作为思考起点。所以，习近平总书记指出："马克思主义博大精深，归根到底就是一句话，为人类求解放。"②面对危机，人的清醒与抉择、智慧与果断，往往发挥着最关键的作用。所以，1978年的小岗村村民面临的生存危机并不是大包干"血手印"产生的终极原因。面对生存危机的时候，小岗村村民们的觉醒与抉择、智慧与果断，发挥了最关键的作用，这才是大包干之所以在小岗村首创的终极原因，也即是前文阐述的"村民主体逻辑"是小岗村首创农业"大包干到户"的终极原因。我们研究小岗大包干精神财富的主题，一定要抓住这个终极原因。这也就符合"大历史观"的以人为本的"大情怀"的要求。

（2）小岗大包干蕴含的精神财富的主题：敢闯敢试、敢为人先。

明确了小岗村民大包干创举的终极原因，那么他们展现的精神，就是小岗大包干蕴含的精神财富的主题。

什么是主题？据《现代汉语规范用法大词典》，"主题""指文艺作品的中心思想，也指活动的中心内容"。据《现代汉语词典》，"主题"指"文学、文艺作品中所表现的中心思想，是作品思想内容的核心"。

---

① 《马克思恩格斯文集》第一卷，人民出版社2009年版，第11页。

② 习近平：《论党的宣传思想工作》，中央文献出版社2020年版，第322页。

因此，小岗大包干精神财富的"主题"讲的是小岗大包干精神财富的"中心思想"和"核心内容"。那么，小岗大包干蕴含的精神财富的主题，即它的中心思想和核心内容是什么呢？一定要从终极原因去找，即从"劳动者"（即小岗村村民）身上来寻找，就是在村民们身上体现出来的"敢闯敢试、敢为人先"的精神品格。

特别说明，讲大包干带头人群体展现出来的"敢闯敢试、敢为人先"的精神的同时，并不否定我们党的基层组织、党员干部、地方领导在农业改革过程中所展现出来的"敢闯敢试、敢为人先"精神。

历史的创造者是人民群众，历史的推动者也是人民群众。广大农民是农村改革的真正主体，小岗村村民是小岗大包干的真正主人。严宏昌1973年就离开家乡，外出闯荡。1977年前后，他在外面搞"包工头"、搞"承包"的收入非常好，他每月交给生产队15块钱作为"管理费"，生产队给他记150分工分，大约值8块钱。这样虽然"亏大了"，但是他就可以安心地在外面挣"大钱"，每月有100多元，每年可达上千元，而1978年小岗村年人均收入只有22元。一个既有文化又有较高收入的人为什么要回到村里搞农业生产？一开始，是当时的公社书记觉得他在外面干工程，能够管理好手底下来自五湖四海的几百号人，肯定能够带领小岗村这20户人家搞好生产，便强力邀请他回村，或者说是强行逼迫他回村。1978年8月底，队里不断有人到县城找他，说公社干部就蹲在村里等他回去参选队长。但是他犹豫不决。一天，他碰到了村里的老人关庭珠。老人之前曾经因吃不饱饿得不行而偷队里的粮食被关了三四年，才刚放出来不久。关庭珠劝他："队里像你这样二三十岁的人都当过队干部了，论见识，你在外面混了这么多年，论水平，就你读过高中。我们就指望你回去弄碗稀饭喝了！"严宏昌听了此话，心里猛地一震。他是小岗的子孙，怎能只顾自己在外折腾，不顾小岗的父老乡亲呢，他们可是肚皮也填不饱啊！就这样，严宏昌便回到了生产队，当了副队长。当他把"包到户"的想法说出来，征询村民意见的时候，不少人都担心1962年因为搞"救命田"被批斗的命运会重演，有危险。他说："那倒不怕，大家不要担心我的命，命不值钱。今年大旱，与其饿死，还不如试试，瞒着上头自己分开干，像我包给人家砌墙头那样，谁干得好谁受益。"

分田到户明显与政策不符，上头肯定不让搞，谁当头谁就要倒霉，就有被打成反革命、蹲大牢的危险。三个队干部一次次商议，决定还是要冒着风险搞，只不过要通过按手印的方式来统一意见，把心拢到一起来。于是就有了那个冬夜在村民严立华家的秘密会议和秘密协议。协议在一张不完整的白纸条上完成了："1978年12月，地点：严立华家。我们分田到户，每户户主鉴（签）字盖章，如以后能干，每户保证完成每户的全年上交和公粮，不在（再）向国家伸手要钱要粮。如不成，我们干部作（坐）牢刹（杀）头也干（甘）心，大家社员也保证把我们的小孩养活到十八岁。"白纸黑字，20个户主（2个户主缺席）18个红手印异常醒目，现在看来的勇气壮举，在当时却有些沉重和悲壮，采取的是最原始的人人"赌咒发誓"又人人"按手印"的方式签订协议。严金昌现在回忆说："这不仅是一份契约书，实际上也是生死状、托孤书！"审视小岗村民当年的大包干契约，字里行间透露出一个大大的"怕"字！曾经"责任田"被批斗、"文化大革命"中遭"席卷"、"学大寨"被"割尾巴"、驻村宣传队斗资批修"狠批私字一闪念"，等等，小岗人真的怕了。但这一次，穷够了也穷急了的小岗村民在三位队干部的带领下，突破了这个"怕"字，赌咒发誓"豁出去了"，"贴着身家性命"勇敢地闯了，并在强大压力下顽强地坚持下来，成就了一个"敢"字。这就是"敢闯敢试、敢为人先"的精神品质。后来，严宏昌在接受采访、回忆这段往事时，多次语气轻淡地说，那时自己28岁，血气方刚，因迫于无法抵御的灾害和饥饿，就挑头冒着坐牢的风险搞起了分田到户。事情传开后，当时压力很大，就跑到外地躲了一段时间。轻松的语气，质朴的言语，一个"血气方刚"蕴含的是小岗村农民的"敢闯敢试、敢为人先"的伟大品格。

更为难能可贵的是，在安徽省委推动试点的肥西山南"包产到户"被迫改正的情况下，在随后面临的巨大压力下，小岗大包干顽强地坚持了下来。

时任凤阳县委书记陈庭元得知小岗大包干的消息是1979年4月10日，此时，3月5日的"张浩来信"震动全国，再加上4月3日中共中央批转国家农委到组报送《关于农村工作问题座谈会纪要》的通知以中发〔1079〕31号文件形式下达。文件有如下三点内容：一是人民公社的"三级所有、队为基础"制度应该稳定；二是不许划小核算单位；三是包产到户是一种倒退。不仅当时的凤阳"大包干到组"与上述三点违背，小岗村的"大包干到户"更是严重违背。梨园公社因此决定对小岗大包干采取措施：第一，小岗队必须回到集体中来，不要求一定回到原来的大集体，起码要回到"省委六条"的作业小组；第二，必须把属于生产队的耕牛、农具以及还没有播下地的种子3天内全部集中上来。公社书记、副书记找来小岗队三位干部宣布决定，被严宏昌等人当场顶回去："包干到户哪一条都比拢在一起要强得多。我们相信马克思、列宁还活着，也会说这样干得好。"公社副书记严肃指出："你们难道要和中央政策对抗吗？"严宏昌等人毫不示弱："我们光知道中央要我们解放思想、实事求是，告诉我们实践是检验真理的唯一标准。既然分田到户比原来好，为什么你们就一点看不见呢！"气得公社书记摔门而去，严宏昌也被公社撤了职。但是，还是无法把小岗队的田地拢起来。不久，板桥区委书记林兴甫和副书记步行20多华里来到小岗，亲自找上门来试图说服严宏昌："明令不许，咱就要自觉自愿地把已经分到各家各户的田地收回来才是呀。"严宏昌回答："农民不懂大道理，只认实理，就信邓小平的'黑猫白猫，逮住老鼠就是好猫'，明知道这是个能让农民增产增收又增贡献的好办法，为什么就不让搞？不是要搞'拨乱反正'吗？"为了说服严宏昌，区委书记林兴甫来来回回跑了不少趟。最后一次来的时候，林兴甫感情复杂地对严宏昌说："你就不要再跟我们申辩了，'要想富，包到户；不到户，稳不住。'这些道理我们都懂啊。"然后拿出100元工资钱交给严宏昌，说："我们决定拿出这100块，算是帮你凑个进京申辩的路费。"钱严宏昌没有要，也没有进京，他开始给中央办公厅和国务院办公厅写信，隔几天就寄出一次，前前后后寄出几十封。小岗村的大包干在巨大压力下，就这样坚持了下来。这就是"敢"字当头的精神品质。

从凤阳农村改革历程看，不仅小岗村"包干到户"是小岗村村民自发地"瞒上不瞒下"干起来的，而且，凤阳农村改革每前进一步，要么是在群众的强烈要求下，要么是由农民自发地干起来的。县委领导的每一次表态，都是对群众要求的默许、回应，而不是直接主动地发动群众。比如，"联产计酬，马湖带头"，马湖的联产计酬是在马湖公社农民的强烈要求下实行的。1975年春，马湖公社前倪生产队社员向时任公社书记詹绍周提出建议，要求包产到组。在社员的要求和启发下，詹绍周在经济作物烟叶子上实行了"联产联质记工法"。1978年夏天，马湖公社联产计酬被广播大会点名后，詹绍周躲在家中，准备接受批判和处分。前倪生产队的副队长倪树田代表全体社员来看望他，说，你今后倒霉了，就到我们队住下吧，只要我们大家有饭吃，就不会把你饿着。是农民们的坚定支持，使得他又振作精神，继续把联产计酬责任制推行下去。

"大包干到组"是小贾生产队自发搞起来的。1978年11月的凤阳县委四干会上，梨园公社石马大队书记在小组讨论时说，他们大队的小贾生产队，全队分成4个作业组，年底分红时，该给国家的给国家，该留集体的留给集体，剩下的归作业组分配。并建议县委采用这种责任制。由此可见，小贾生产队最迟是在夏收以后就悄悄地搞了"大包干到组"的。客观地说，凤阳农村改革过程，就是一场声势浩大的、自下而上的群众运动过程，群众一户户都是铆足了劲，从不联产到联产责任制，从包产到包干，从分到组到分到户，就像一股洪流，一下子就冲过来了。滁县地区、安徽全省农村农民也是这样，对农村改革热情高涨，挡也挡不住。更何况县委、地委和省委还在实质性地支持着、引导着、推动着，使得农民的"敢闯敢试、敢为人先"开出了美丽的花朵。

以小岗大包干为典型代表的这种敢闯敢试、敢为人先的农业农村实践变革，广泛发生在皖东大地的基层农村。英雄榜上不应该漏掉带头"联产计酬"的凤阳马湖公社、"定产到组"的来安县魏郢队、"定额管理"的天长市新街公社、"干部绩效考核"的来安县广大公社、"小组包干"的凤阳县小贾生产队、"包干到组"的凤阳县岳北生产队，也不应该缺少众多积极仿效者、主动跟随者、自主探索者们，它们共同构成滁县地区推动农业大包干的群众主体，浩浩荡荡，生动展现了中华民族的伟大创造、伟大梦想精神。

农业大包干精神的精髓之一就是闯字当头、敢为人先的创新精神，走别人没有走过的路和不敢走的路，做第一个吃螃蟹的人。众所周知，人民公社体制在当年被认为是我国农村的社会主义体制基础，"三级所有、队为基础"的基本制度在当时被认为是不可动摇的"金科玉律"。一些领导干部因主张包干到户不仅受到严厉批判，而且被罢官解职，甚至被当作阶级异己分子而遭到迫害。长期以来，"包"字被当作"路线问题"成为人们思想和理论的禁区，地方领导和基层干部谈"包"色变。在当时的社会政治背景下，管理体制变革无疑面临巨大的政治风险。以小岗人为代表的安徽农民没有因为风险巨大而放弃改革的尝试，而是发扬了敢闯敢试、敢为人先的精神，敢于以自己的人身自由甚至生命做赌注，成就了中国农村改革的破冰之举。小岗之所以成为中国农村改革的主要发源地，首先有小岗村民的敢"闯"，又有凤阳县委的敢"护"，再有滁县地委的敢"保"，更有安徽省委的敢"认"，终有中央的决"定"。各个环节环环相扣、环环互动，共塑一个"敢"字，敢为天下先。

2."实事求是、改革创新"是小岗大包干蕴含的精神财富的主旨

之所以这样确定小岗大包干蕴含的精神财富的主旨，是由这个时代的历史发展趋势决定的。党的十九届六中全会通过的第三个历史决议中，在谈到"改革开放和社会主义现代化建设历史新时期"的时候，使用的标识性词汇就是"解放思想、锐意进取"。

所谓"主旨"，依据《现代汉语词典》，即"主要的意义、用意或目的"。小岗大包干精神财富的主旨，指的是小岗大包干蕴含的丰富精神财富中的体现其目标指向的内容。

2018年12月，在庆祝改革开放40周年大会上，习近平总书记指出："改革开放是我们党的一次伟大觉醒，正是这个伟大觉醒孕育了我们党从理论到实践的伟大创造。"

农业大包干是在思想极其禁锢的时代背景下诞生的。源起于小岗大包干的中国农村改革，面临原有理论和体制的巨大阻力和无先例可循的双重困境，它注定会是一场波涛汹涌的伟大试验，更是一种全新发展道路的伟大探索。其成功之根本在于党痛定思痛、深刻反思，实现了伟大觉醒。

（1）这次伟大觉醒，首先在于思想觉醒。

1976年10月，随着粉碎江青反革命集团以及十年"文化大革命"的结束，我国的社会、政治领域呈现出崭新局面。然而，要在短期内彻底消除极"左"路线长期造成的政治上、思想上、组织上的混乱，确实不容易。当时"两个凡是"的指导思想，为全党纠正"文化大革命"的"左"倾错误，实行拨乱反正，设置了障碍。到1978年，"文化大革命"虽然结束近两年，但党的工作仍在"两个凡是"的错误指导思想束缚下徘徊不前。邓小平同志多次对"两个凡是"提出批评，1978年6月，他在全军政治工作会议上说："如果反对实事求是，反对从实际出发，反对理论和实践相结合，那还说得上什么马克思列宁主义、毛泽东思想呢？"1978年5月，中央党校内部刊物《理论动态》第60期发表了《实践是检验真理的唯一标准》，5月11日，《光明日报》以特约评论员的署名转发了这篇文章。文章说，检验真理的标准只能是社会实践，理论与实践的统一是马克思主义的一个最基本的原则，从而否定了"两个凡是"的观点。文章在全国范围内引起强烈反响，引发了一场关于真理标准的大讨论，在此后半年多的时间里，全国各地主要报刊都大量刊登了这方面的文章。"实践是检验真理的唯一标准"的思想为人民所接受和肯定。这场大讨论为党的十一届三中全会作了理论准备，对于端正思想路线，纠正长期存在的个人崇拜和教条主义具有重大和深远意义，打破了人们思想僵化的格局。

1978年9月，邓小平同志在结束对朝鲜的国事访问归国途中，视察了东北三省的本溪、大庆、哈尔滨、长春、沈阳、鞍山以及唐山和天津等地，发表了一系列重要谈话，提出并阐发一系列新颖的思想观点，史称邓小平"北方谈话"。他一路走一路讲，用他自己的话说就是"到处点火"。"北方谈话"的核心内容包括三个方面：第一，要坚持解放思想、实事求是的正确思想路线。他指出，现在摆在我们面前的问题，关键还是实事求是、理论与实际相结合、一切从实际出发。这是政治问题，是思想问题，也是我们实现四个现代化的现实问题。第二，尽快实现党的工作重心转移。他指出，揭批"四人帮"应该彻底，但是，这个"底"总要有个时间限度吧，不能无限期地搞下去。应该尽快把党的工作重心转到社会主义现代化建设上来。第三，要改革开放。他提出，世界天天发生变化，新的事物不断出现，新的问题不断出现，我们关起门来不行，不动脑筋永远陷于落后不行。这么落后，我们的老百姓就不答应啊。邓小平"北方谈话"中提出的一系列重要主张，为随后召开的中央工作会议和党的十一届三中全会作出把党和国家工作中心转移到经济建设上来、实行改革开放的历史性决策，准备了充分条件，奠定了坚实基础。

党的十一届三中全会高度评价了关于真理标准问题的讨论，确定了解放思想、开动脑筋、实事求是、团结一致向前看的指导方针，冲破了"左"倾思想的束缚。"唯实"战胜"唯书""唯上"，党重新掌握了实事求是的思想武器，才有了理论、道路和制度上觉醒的先决条件。万里同志在1979年12月回顾安徽农村改革取得的成绩时指出，"解放思想、实事求是"是"两年来我省各项工作能够冲破一些不切实际的条条框框，不断向前发展的关键所在"。实事求是是党的思想路线，是中国特色社会主义的哲学基石，同样也是小岗大包干的根本世界观和方法论，是小岗大包干精神财富的哲学基石。

1979年3月之后，在"张浩来信"和中发31号文件的冲击下，时任凤阳县板桥区委书记林兴甫不得不上门来做小岗村社员思想工作的时候，副队长严宏昌进行了强有力的申辩。他说："分田到户，不能因为它在安徽的历史上曾经发生过，现在再搞，就是倒退。我们实行的包干到户究竟是进步，还是倒退，客观的标准应该只有一个，就是它是不是能把小岗人的生产积极性调动起来。""把田分到户了，这并不说明小岗人就只要小家不顾大家了，粮食收下来，我们会首先保证国家征购的，留足集体需要的。过去的二十年中间，农民能够想到的办法不是也都试过了：学大寨，定额记工，死分活评，死分死记，社会主义路线教育，割资本主义'尾巴'，啥招数没有用过，结果呢？社员一年忙到头，连穿衣吃饭都解决不了。""党中央相关农业问题决议明确规定，基本核算单位有权因时因地制宜地进行种植，有权决定增产措施，有权决定经营管理方法，有权分配自己的产品和现金，有权抵制任何领导机关和领导人的瞎指挥。农民领导机关首先要解放思想，让你们有权根据自己的实际情况大胆实践。"这次申辩，展示了严宏昌完全超越一个普通农民的政策水平和理论境界，也完全超越了一个生产队干部的素质和境界，虽然这些观点都是从文件和报纸上看来的，但是，严宏昌是真的读懂了文件和新闻背后的深刻道理。

（2）这次伟大觉醒，根本在于道路觉醒。

"文化大革命"结束以后，以邓小平同志为代表的老一辈无产阶级革命家们，坚持马克思主义基本原理同中国实际相结合，成功召开了具有伟大历史转折意义的党的十一届三中全会，党的思想路线、政治路线和组织路线重新回到马克思主义轨道上来，开启了改革开放和社会主义现代化建设的历史新时期。党深刻总结我国社会主义建设正反两方面经验，借鉴世界社会主义历史经验，作出把党和国家工作中心转移到经济建设上来、实行改革开放的历史性决策；明确提出走自己的路，建设有中国特色社会主义，科学地回答了建设中国特色社会主义一系列基本问题，成功地开创了中国特色社会主义道路，实现了道路觉醒。

道路觉醒体现在中国农村改革上，集中体现为我国农村集体经济组织的经营管理体制的历史性变革，即原人民公社管理体制的解体，与以家庭承包经营为基础、统分结合的双层经营体制的建构。人民公社体制诞生于1958年，在1962年形成"三级所有、队为基础"体制。一方面，它采用的是"政社合一"体制，使人民公社集决策权、行政权和经济权（包括集体经济所有权、收益权、处分权等）于一身，甚至有一定的类似于"立法权"的公社法规制定权，严重削弱了生产队的自主权，农民群众更是处于"失权""被控"状况，瞎指挥和强迫命令风盛行。另一方面，"三级所有"的体制主观上明显是为了逐步向全民所有制和共产主义过渡，客观上造成持续不断的向更"大"、更高程度的"公"发展，当生产力水平不足时，就出现穷过渡理论和实践，造成了大队"共"生产队的"产"，公社"共"大队的"产"，县级"共"公社的"产"，穷队、穷社"共"富队、富社的"产"，导致全国性的"共产风"虽然屡次治理却依然盛行，使集体财产遭受严重损失，不仅仅农民生产积极性一再受挫，就是生产队、大队、公社的生产积极性也严重受挫。此外，虽然后来强调人民公社坚持以生产队为基本核算单位，但是它排斥家庭经营方式，必然无法解决平均主义"大锅饭"问题。"文化大革命"开始后，一波又一波的政治运动，严重干扰了人们的经济生活和农业生产，人民公社体制存在的弊端被进一步放大。1978年，全国农业人口人均年收入只有70多元，有近1/4的生产队社员收入在50元以下，有些地方甚至不能维持简单再生产。因此，对人民公社体制进行变革，探索一条适合我国社会主义农业农村发展的新路，就成为历史发展的迫切要求。小岗大包干的出现，标志着一种新的农村经营管理体制的出现，也标志着"三级所有、队为基础"的人民公社体制的解体。

在1977年初的安徽，时任省委主要领导消极对待揭批"四人帮"

的群众运动，热衷于"大干快上，普及大寨县"，反对"落实党的农村经济政策"，实质上是坚持"左"，反对纠"左"。在这种政治环境下，滁县地委开展落实党的农村经济政策的调查活动，显然与省委书记的主张不相符，显得有点"突兀"，这直接导致该调查报告出来以后，立即遭遇巨大压力。滁县地委1977年5月底在定远县召开交流会议，适逢省委第一书记路过"视察"，王郁昭向他提交调查报告时，立即遭到严厉斥责："现在是抓纲治国、大干快上时期，搞什么政策呀！"他在大会上发表上万字的长篇大论，强调要懂政治、要大干快上，不允许用落实政策来抵制大干快上："用社会主义的政策去取消共产主义的协作精神，用'稳'掩盖右的实质，抵制大干快上，是不对的。……孤立地去研究政策也要出问题。"

省委书记走后，滁县地委顶住压力，继续讨论此次调查发现的典型经验和存在的问题，进行具体部署。可见，这次春季调查及调查报告的形成与上报，展现了滁县地委坚持实事求是、勇于开辟新道路的政治气魄。1979年2月，万里同志在部分地委书记座谈会上指出："只要老百姓有饭吃，能增产，就是最大的政治。老百姓没有饭吃，就是最坏的政治。"从政治的高度对落实党的农村经济政策给予了支持。

安徽小岗村自发采取"包干到户"，率先冲破了旧体制限制。四川、贵州等其他一些省份也采取了"包产到组"等类似做法，开启了中国农村改革的进程。1982年1月，中共中央印发《全国农村工作会议纪要》，第一次肯定"包产到户、包干到户"都是社会主义集体经济的责任制。此后，家庭联产承包责任制逐步在全国推开。中国农村普遍实行家庭联产承包责任制后，既发挥了集体统一经营的优越性，又调动了农民个人生产的积极性，既能适应分散经营的小规模经营，也能适应相对集中的适度规模经营，促进了劳动生产率的提高和农村经济的全面发展，提高了广大农民的生活水平。实践证明，家庭联产承包责任制是适应中国农业特点、农村生产力发展水平和管理水平的一种较好的经济形式。

小岗大包干正是不唯书、不唯上，解放思想、实事求是精神的产物。它不仅赋予农民土地承包权、生产自主权，还赋予农民收益分配权，正确地处理了国家、集体和农民个人之间的利益关系，更能够调动农民的积极性，农民欢喜，集体高兴，国家满意，是解放农村生产力的有效途径。

凤阳大包干之路经历了一个大辩论的过程，滁县地区的农村改革也经历了一个辩论斗争的过程，安徽农村改革同样经历了辩论斗争的过程，国家层面也发生了"独木桥"与"阳关道"等数次争论。这些辩论和斗争，其焦点不仅在于经营方式的变革，更在于"是否与社会主义根本制度相抵触"这一根本制度属性的大问题，敏感且重大。思想认识的突破带来体制机制的突破，大包干对农户这一微观主体的成功再塑，为社会主义市场经济体制的形成实现了核心突破，彰显了开辟中国特色社会主义道路的勇气。可见，小岗大包干精神财富的主旨，就在于解放思想、实事求是、改革创新。

3. "坚守初心、顺应民意"是小岗大包干蕴含的精神财富的主导

之所以这样确定小岗大包干蕴含的精神财富的主导，是由中国共产党人的根本价值导向决定的。

所谓"主导"，依据《现代汉语词典》，指"主要的并且引导事物

向某方面发展的；或者起主导作用的事物"。小岗大包干精神财富的主导，指的是小岗大包干丰富精神财富内涵中起统领全局并推动全局发展的价值导向。

大包干是小岗农民的首创，更是各级党组织尊重民意的结果。试想，当时如果没有凤阳县委默认、呵护，如果没有滁县地委给大包干报户口，如果没有时任安徽省委第一书记万里同志的支持，如果没有中央政策的调整，小岗人发起的大包干也必定是昙花一现。

具体到地方和基层干部，他们首先是出于朴素的感情，出于为了群众能够过上好日子的共同目标，这恰恰是我们党的初心使命的体现。

习近平总书记特别强调的一个根本性问题是全党同志要牢记"中国共产党是什么、要干什么"，因为它是党的事业发展和自身发展逻辑的逻辑起点。强调坚守初心使命，是新时代中国共产党治国理政、管党治党的显著特点，是关于中国共产党"是什么、要干什么"这个根本问题的时代性叙事方式。

（1）时任凤阳县委书记陈庭元："对土地的孝顺，就是对党的孝顺！"

陈庭元在凤阳任职县委书记期间，面对凤阳农村经济走向崩溃边缘的危机，面对农民大量外流逃荒的困局，他坚持解放思想、实事求是，带领凤阳县委一班人，顶住来自方方面面的压力，在全县范围内落实党的农村经济政策，带头积极推行大包干，支持和保护小岗村的包干到户，极大地调动了农民的生产积极性和改革的创造性，从而拉开了中国农村经济体制改革的序幕。他对中国农村改革的贡献，从他在凤阳县委书记任上通过的几个开创性文件可见一斑：《关于召开县委工作会议的情况报告》是宣示凤阳大包干诞生的第一份文件；《农业经济管理的一项重大改革——关于在农村实行大包干办法的报告》是凤阳县委向地委和省委申请给大包干（到组）"上户口"的第一份文件；县委正式颁布《关于农业生产包干到户管理办法（初稿）》，这是中国农村实行家庭联产承包责任制的第一个管理办法，直到1982年县委正式颁布《关于包干到户管理办法》。对小岗大包干，他最出名的一句话，就是"他们都穷灰掉了，就让他们干吧！"蕴含其中的对农民发自内心的同情、对农民自发创造的信任、对我们党为民谋幸福的初心使命的坚守，是这句话广为流传、被反复引用的根由。

（2）时任滁县地委书记王郁昭："给大包干'报户口'的人"。

王郁昭在农村改革中发挥的作用，用他自己说过的一句话表达，就是"孩子挺好的，给报个户口吧！"具体来看，他的贡献体现在这样几件事情上：一是出台滁县地区"地委六条"，在全省率先推动改革；二是助推安徽"省委六条"出台，并坚定贯彻落实，全面推行"一组四定"；三是支持凤阳马湖公社、来安魏郢队、来安广大公社、天长新街公社等地的实践创新，试行联产责任制；四是把滁县地委"四干会"安排到小岗生产队开"现场会"，带领地委7名常委到小岗生产队开常委会，并表态说："县委书记能批你们干1年，我们批你们干3年"；五是在省委会议上为大包干"报户口"；六是在1980年4月到8月省委连续在蚌埠、芜湖、巢湖和合肥召开的四次会议上，面对围攻，他坚持为农村改革辩护，等。王郁昭在滁州工作时的价值导向，可以概括为尊重农民的抉择。作为一个勇敢的行动者，作为一个地区的负责人，在历史变革关头，一方面他顺应了"时势"，顺应了农民群众的需要，自党地与农民群众站在了一起；另一方面，在巨大的政治压力下，他以维护农民群众的根本利益为己任，敢于担当。特别是1980年初，支持小岗大包干的省委第一书记万里同志上调中央后，滁县地区农村改革一度处于被围攻、被批判的艰难困境。由于当时中央文件明确规定"不准包产到户、包干到户"，加上安徽省1961年批判"包产到户"，于是，从省到地、县，都有相当多的领导干部认为支持"包产到户"是犯了方向路线错误，甚至有的地委发文件明确规定，对搞"包产到户"的农村党员要进行纪律处分。他说："我已经准备被撤职，但我问心无愧，对得起党，对得起广大人民群众。"他主持的滁县地区的农村改革没有后退，最终迎来家庭联产承包制度突破坚冰、凯歌挺进阶段的到来。

（3）时任安徽省委第一书记万里："要吃米，找万里。"

如果说王郁昭是给大包干"报户口"的人，万里同志则是给大包干"上户口"的人。从给安徽省委领导班子"大换血"到江淮大巡行，从"省委六条"到"借地度荒"，从为党的十一届三中全会建言改革到平息"张浩来信"风波，从山南包产到户试点到深入小岗村作调查研究，其胆识和智慧、忍耐与果决、实践创新与理论探索、敢于斗争与善于斗争的能力与精神等在领导安徽农村改革过程中展现无遗，深受安徽人民的好评。

万里同志初到安徽时感叹："粮食这么少，生活这么苦，怎么向人民交代？"他离开安徽前决策："孩子生下来了，他妈妈——农民们很高兴，可至今还是个'黑户'，没有户口。群众已经认可了，我们只能同意、批准，给他报个户口。"他给安徽人民带来的是"要吃米找万里"的温饱，留下的是顺应民意、勇于改革的精神品格，向党作出的汇报是坚守共产党员的初心使命。2016年12月，习近平总书记在纪念万里同志诞辰100周年座谈会上的讲话中指出："我们纪念万里同志，就是要学习他坚定理想、坚守信仰的崇高精神。……就是要学习他忠诚于党、坚持真理的坚强党性。……就是要学习他实事求是、勇于探索的开拓精神。……就是要学习他锐意改革、攻坚克难的政治担当。"

（4）邓小平同志：顶层支撑。

邓小平同志对农村改革特别是安徽农村改革一直是非常关注、非常支持，属于顶层支撑。把万里同志安排到安徽主持大局，就是一个关键性举措。邓小平同志谈农村改革，最著名的有两个年份，1980年和1990年。1980年，他分别于4月2日和5月31日进行关于农村改革的谈话，特别是"5·31讲话"提到的"'凤阳花鼓'中唱的那个凤阳县，绝大多数生产队搞了大包干，也是一年翻身，改变面貌"，对农村改革给予了具有决定意义的支持。实际上，安徽省推进农村改革的情况，邓小平同志是了解的，并给予了支持。万里同志晚年曾说："亏了小平同志的支持。我从安徽回来多次向他汇报，他表示同意，可以试验。出了成果以后，他公开表示支持。"在万里同志说的"多次汇报"中，最重要的汇报有两次，一次是1979年7月，万里同志陪同邓小平同志上黄山。据邓小平同志女儿邓榕回忆说，万里同志多次向邓小平同志提到凤阳的"包产到户"问题，早在1979年5月的时候，邓小平同志就跟万里同志讨论过。当时邓小平同志就说，我们要试，不要争论，要实事求是地做下去。在去黄山的火车上，邓小平同志与万里同志又重新在讨论这个问题。邓小平同志表示，支持万里同志在安徽农村实行的改革试验，而且还要大胆地试验，不要受舆论的干扰。另一次是

1979年底，万里同志曾专门回北京汇报，这是万里同志1980年1月初在省委工作会上正式同意"包产到户"的重要背景。

1990年3月，邓小平同几位中央负责同志谈话，在谈到农业问题时，他说："中国社会主义农业的改革和发展，从长远的观点看，要有两个飞跃。第一个飞跃，是废除人民公社，实行家庭联产承包为主的责任制。这是一个很大的前进，要长期坚持不变。第二个飞跃，是适应科学种田和生产社会化的需要，发展适度规模经营，发展集体经济。这是又一个很大的前进，当然这是很长的过程。"①"两个飞跃"是邓小平同志晚年关于我国农业改革和发展作出的顶层思考。

中国农村改革是以广大农民为主体的伟大社会实践，是广大群众的伟大创造，体现了人民群众的首创精神。对此，邓小平同志明确指出："农村搞家庭联产承包，这个发明权是农民的。农村改革中的好多东西，都是基层创造出来，我们把它拿来加工提高作为全国的指导。"②群众的自发行动也离不开党的自觉"护航"。在农村基层自发实践过程中，安徽省委的农村政策也经历了三个阶段性"突破"：一是出台"省委六条"，突破了学大寨的框框；二是顶住"张浩来信"压力，坚持"双包到组"，突破"联产"禁区；三是"双包到户"，突破中央红头文件"不许包干到户"的特别规定。对"左"倾错误的每一次突破，都是对群众首创精神的自觉尊重，体现了小岗大包干蕴含的群众首创精神和尊重群众首创精神的统一，体现了党的领导和群众首创的高度统一。

———————————

① 《邓小平文选》第三卷，人民出版社1993年版，第355页。

② 《邓小平文选》第三卷，人民出版社1993年版，第382页。

三、小岗大包干蕴含着丰富的方法论财富

小岗大包干不仅给我们源源不断的精神力量，也给我们以推动改革发展的科学世界观和方法论财富。有学者专门对改革初期体现比较突出的一些方法进行了概括，提出农村改革方法论，简要整理摘录如下：从实际出发，解决农村群众生产生活中最突出的问题；具体制度、模式、概念要接受实践检验；社会主义要在改革实践中前进；社会主义社会也是生产力的发展史；千百万群众的实践创造是社会发展的根本动力；要靠群众自己前进；社会安定对经济改革发展具有重要意义；也要从农民个体角度看待国家、集体、个人三者之间的利益关系；必须避免脱离群众的"左"的空谈；改革是一种扬弃；经济改革能够促进人的发展；劳有所得是经济的核心问题；从经济体制上界定和保障群众的权利；群众的意愿和选择与生产力发展要求具有一致性；依靠群众实践打开解决问题的前进道路；推进改革需要政治民主；等等。

上述方法论，为我们汲取小岗大包干蕴含的宝贵的方法论财富提供了重要参考。以马克思主义世界观和方法论为基础，运用马克思主义的立场、观点和方法，结合安徽（包括滁县地区、凤阳县）农业大包干推动过程中的实践特点，特别要注意汲取两个方面的方法论财富，即，坚持群众路线，深入调查研究；始终尊重农民自主权，维护农民合法权益。

（一）坚持群众路线，深入调查研究

安徽之所以成为中国农村改革的先行者，调查研究发挥了重要支撑作用。

1. 大兴调查研究之风，助推安徽成为中国农村改革的先行者

万里同志到安徽任职遇到的第一个难题是"盲流"。面对来自十几个省份质问"盲流"的电报电话，以及中央就这个问题发来的紧急指示，他焦灼不安。滁县地区"地委六条"报送到了万里同志手中，可谓是雪中送炭。受"地委六条"的启发，万里同志决定下乡调查民生、倾听民意。通过近四个月的农村走访，万里同志认识到，要解决安徽农村问题，必须从实际情况出发想办法，制定出正确的政策，把生产搞上去，核心是充分调动农民的积极性。在多方深入调研的基础上，《关于目前农村经济政策几个问题的规定》以"试行草案"的形式在全省农村工作会议上正式通过。"省委六条"报送中央后，各家报纸争相转载，使得这份文件一时间轰动全国。

万里同志曾经特别指出安徽调查研究不足的问题："我们队伍中的有些同志……很少做调查研究，很少同群众商量"，"应当提倡每个领导者都深入实际，搞好调查研究"。

他多次强调，不要老是坐在办公室坐而论道，而要走出去、沉下去，研究新情况，发现新问题，总结新经验，拓展新思路，站稳人民立场。他把80%的精力放到深入基层调查研究之中。据不完全统计，在皖两年期间，他亲自到滁县地区走访调查就达到10次以上。

万里同志重视发挥制度的规范作用，树立良好的调查研究风气。

他针对调查中出现的形式主义、享乐主义苗头，专门制定了领导干部下乡调研"三不准"（不准组织迎送，不准大吃大喝，不准请客送礼），并印发了《关于严禁请客送礼大吃大喝的通知》，有效地转变了干部工作作风。

正是万里同志的大力推动，安徽省大兴调查研究之风，及时大胆决策，助推安徽成为中国农村改革的先行者。

2.善于调查研究，助推滁县地区成为安徽农村改革的主战场

安徽农村改革始于"省委六条"，"省委六条"受滁县地区"地委六条"的启发，"地委六条"源自于滁县地委"落实党的农村经济政策调查"。这次调查，是指1977年3月至5月间滁县地委组织的调查活动。此次活动经过精心准备，颇有声势：394名干部组成115个调查组，深入全区400多个社队，历时近3个月，形成135篇调查报告。关于这次调查活动的成因，其后形成的调查报告的第一自然段进行了简要说明："我区在前一时期，对落实党的农村经济政策，作了广泛的调查。"所以一般把这次调查称为"落实党的农村经济政策调查"。

1976年9月以后，毛泽东同志逝世给中国政治带来深刻影响，大事要事连发。在这样的政治背景下，之所以滁县地委与众不同地开展了"落实党的农村经济政策调查"，其原因在于：一是摆脱饥荒困境需要锐意进取。当时农村经济陷入困境，农民处于饥荒状态，大批外出逃荒。仅凤阳县1977年底外出逃荒者超过5万人，遍布十几个省份，引起全国关注和中央领导震动。如果再没有突破性的举措，真的有可能发生"三年困难时期"大量人口"非正常死亡"的惨剧。二是思想松动引发开动脑筋。粉碎"四人帮"之后，"左"的思想坚冰在逐步融化、松动，一些善于思考者开始开动脑筋。三是拨乱反正需要有新作为。从1975年开始的拨乱反正，虽然1976年被破坏中断了，但随着"四人帮"被粉碎，我们党明确提出要把被破坏了的恢复起来，把被颠覆了的再颠覆过来，把被搞乱了的加以澄清，拨乱反正强势回归。滁县地委把政治上对"四人帮"的揭批，创造性地深入到经济领域特别是农村工作的拨乱反正中来。四是王郁昭等地委干部主动作为。1972年后，王郁昭在全椒县委任职时就比较注重改进农业经营管理，重视民主理财，狠抓归还超支欠款，增加社员分配。1975年，他调任滁县地委后，继续大胆在地区进行尝试，还改进评工记分方法，落实按劳分配政策，以保证年终分配兑现，取得了较好效果。

为了总结经验，王郁昭在地区农业学大寨会议上的讲话中提出："要加强调查研究，进一步贯彻执行党在农村的经济政策"，因而主持推动了此次调查活动。在130多篇调查报告的基础上，经过认真讨论，最终形成了一篇大的调查报告，即《关于落实农村经济政策的调查情况和今后意见》。报告最后特别要求"地、县两级都要迅速成立农村政策研究组织，配齐人员，设在农办"。从而为以后开展调查研究组建了一个专业平台。

滁县地委因善于调查研究备受全省关注。一是滁县地委高度重视调查研究工作，在推出新举措之前，必定会开展调查研究活动，做到符合实情，符合群众意愿；二是始终坚持把尊重群众意愿和自主创造精神，调动群众生产积极性，作为开展调查研究的出发点和落脚点；三是落实党的农村经济政策一直被置于统领地位，各次调查研究的开展，都是围绕着落实党的农村经济政策展开；四是充分发挥了农村政策研究部门的作用，各级领导干部高度重视农业发展，也大都非常熟悉农村、了解农业、亲近农民，甚至有的能够熟练掌握农活技巧。

从1977年到1981年底，滁县地委组织的大型的、带有全局性的调查研究活动达到13次（见表3-1）。

表3-1 滁县地委政研室1977年到1981年组织参与的重要调查活动及其作用分析

调研时间和内容	调查成果	作用分析
1977年3月至5月，对落实党的农村经济政策进行调查	撰写了135篇调研报告，并形成"地委六条"	开启滁县地区农村改革的序幕，并助推"省委六条"的出台
1978年8月，对贯彻《中共中央转发湖南省湘乡县委报告的批示》《中共中央关于转发陕西省委〈关于旬邑县少数干部强迫命令、违法乱纪问题的调查报告〉的批示》情况的调查	撰写40多篇调查报告	对如何减轻农民负担、改进基层干部工作作风进行了专门研究
1978年10月，调研创造"三个秘密武器"的魏郢队、广大公社和新街公社	撰写3份调研报告，探索研究联产计酬生产责任制	推动由"一组四定"迈向"包产到组"，突破"联产"禁区
1979年3月，主要调查加快农业发展的速度问题	选择调研报告中的13篇汇编《农村经济政策的几个问题》	加快了推动"包产到组"和"包干到组"的速度
1979年6月起，对各种生产责任制进行调查	针对各地已经取得的经验和当时存在的问题，形成《关于总结完善联系产量责任制几个问题的意见》	提出完善联产责任制的八条规定，稳定各种形式的责任制
1980年6月，对农村实行联产责任制以后，如何开展多种经营的问题进行调查	调查了37个不同类型的社队。地委召开了全区多种经营调查汇报会	促进了发展多种经营的积极性

调研时间和内容	调查成果	作用分析
1980年7月，对农业生产责任制（主要是包干到户）情况进行调查	选择其中的21篇调研材料汇编成《滁县地区农业生产责任制调查》，并报送省委	对规范农村政策、促进农业大包干发挥了重要作用
1981年3月，对包产到户以后出现的新情况新问题进行调查	促进了管好公共积累、集体工副业单项专业承包，社队茶场、林场建立责任制等工作的落实	对当时进一步完善农业生产责任制起到一定的指导作用
1981年5月，对包产到户以后推广科学种田、多种经营和新的经济联合进行调查	形成调查报告90多篇，形成《关于发展农村多种经营若干问题的决定》和《关于普及推广农业科学技术的几点意见》两个地委文件	有力地推动了进一步搞好科学种田、发展多种经营、支持新的经济联合等方面工作
1981年8月，对小城镇历史和现状及发展规划进行了研究	调查了15个小城镇，提出了加强小城镇建设的六条意见	助推《关于印发〈小城镇建设座谈会纪要〉的通知》文件出台，为全省小城镇建设发挥一定作用
1981年8月，对社员经济收入进行抽样调查	共调查了298个生产队，为分析农村形势提供了数据	有力地促进了促农增收工作的落实
1981年11月，根据省委农工部统一部署，进行社员家庭收入情况典型调查（即全省"万户调查"）	调查了712户，总结出滁县地区农业发展速度超过了全省平均水平，人均收入居全省第一	坚定了信心，促进了探索农业经济发展规律的自觉性
1981年12月，对农民收入增长因素进行调查	共剖析12个不同类型生产队，撰写调研报告《农民收入大幅度增长的主要原因是什么？》，提出了促农增收的几项措施	为促农增收工作提供了重要依据

　　注：依据《滁州农业大包干》(第一卷)、《安徽省滁县地区落实农村经济政策大事（1977—1982)(征求意见稿)》整理。

据统计，从1977年初到1981年底，累计形成调查报告约1500余篇；其中，形成滁县地委文件10件，被省委转发6次（见表3-2）。

表3-2 1977年初到1981年底滁县地委政研室组织撰写部分重要调研报告统计

调研报告	形成地委文件	是否被省委批转
1977年3月至5月：《关于落实党的农村经济政策的调查情况和今后意见》	"地委六条"	1977年8月16日被批转作为中共安徽省委三届十四次全委扩大会议参阅文件
1977年10月底：《关于认真搞好收益分配、落实农村经济政策的情况和意见的报告》	滁县地委1977年11月5日上报安徽省委	1977年11月12日被批示并转发全省
1977年12月：《关于贯彻省委"六条规定"，搞好人民公社年终分配的总结报告》	《关于落实党的农村经济政策搞好年终分配工作的情况报告》	1978年1月8日被批转
1978年2月：《关于搞好人民公社经营管理，促进农业生产大跃进的几个问题——滁县滁东、大王公社座谈会的报告》	《批转地委调查组〈关于搞好人民公社经营管理，促进农业生产大跃进的几个问题〉的通知》	*
1978年10月：《灾年创高产，一年大变样》等3份调查报告	《关于印发三份调查报告的通知》	万里同志口头嘱咐"这个办法可以先在一些地方试行"
1978年10月：《来安县广大公社对干部实行奖惩制度的调查》	《关于转发来安县广大公社对干部实行奖惩制度的调查的通知》	*
1978年12月：《关于试行联系产量责任制情况的调查报告》	《关于试行联系产量责任制情况的报告》	*
1979年3月：《农村经济政策几个问题的调查报告》（附14份调查材料）	《关于呈送〈农村经济政策几个问题的调查报告〉》	被批转

续表

调研报告	形成地委文件	是否被省委批转
1979年9月：《关于总结完善联系产量责任制几个问题的意见》	《批转地委政策研究室〈关于总结完善联系产量责任制几个问题的意见〉》	*
1979年12月：《一剂必不可少的补药》	《一年翻身、摆脱贫穷——梨园公社小岗生产队实行"定产到田、责任到户"办法的情况调查》	万里同志一口气连看了两遍，并说："报告写得太好了！"该报告被中国革命博物馆收藏
1980年11月：《当前农村工作情况调查》	《关于当前农村工作部署的意见》	被批转
1981年8月：《关于小城镇建设的调查报告》	《关于小城镇建设的调查报告》	*

注：1.《安徽省滁县地区落实农村经济政策大事记（1977—1982）》（征求意见稿）整理；2.注"*"处为未查到有被批转档案材料，不代表没有被批转。

由于滁县地委重视调查研究，大量运用调查研究，善于和敢于把调研成果转化为政策举措，并敢于向省委报送，助推了滁县地区成为安徽农村改革的主战场。

3.注重调查研究，是凤阳县成为大包干主要发源地的重要支撑

陈庭元长期在基层工作，并曾经任职县委农业局局长，有丰富的农村农业工作经验，一贯注重调查研究、善于开展调查研究。1977年12月底，他到凤阳任职县委书记后，立即就抛开所有杂事，一头扎进农村，开展走访调研。

小岗队"包干到户"消息透露出来后，是顺其发展，还是按照政策加以限制，县委及区社干部大多数拿不准，想支持又怕犯错误。1979年4月，陈庭元得知消息后，也曾疑虑担心，但他没有轻易下结论、定是非，而是选择了最正确的处理方式：当天即去小岗队实地调查研究。可以说，正是通过反复调查研究，使得他认定了小岗人做得好，从而决定包容小岗、默认小岗、支持小岗。据不完全统计，从1979年4月至1980年1月，陈庭元每个月都要到小岗队走访，有据可查的走访活动就有10次以上（见表3-3）。

表3-3　陈庭元到小岗队调研情况统计（1979年4月至1980年1月）

调研时间	调研内容	采取方式
1979年4月10日	第一次听说小岗搞了包干到户，来一探究竟	没有声张
1979年4月15日	再探小岗，对陪同的梨园公社书记说："就先让他们干着看吧。"	采取不宣传、不制止、不推广的"三不"政策，予以默认
1979年5月18日	针对梨园公社要求小岗队重新"并起来"的要求，去探探小岗村民的想法	在梨园公社干部座谈会上表态"就让他们干"
1979年8月16日	县委提出"要刹住单干风"，小岗队怎么办	在全县区委书记会议上，提出全县"一律不准单干（小岗队可以保留）"，单独为小岗开口子保留
1979年10月25日	到小岗队听取小岗队副队长严宏昌汇报队里生产情况	对小岗队生产情况很满意，提出"谁收的粮食多谁算有本事"
1979年11月13日	听取严宏昌汇报社员收入情况	了解到小岗队社员收入很好
1979年11月21日	了解小岗队社员对公社加大力度逼迫他们重新并回到组的反应和想法	不支持公社叫村民并回到小组干的做法，提出小岗不要动，继续干下去
1979年11月27日	陪同地委书记王郁昭等地委领导，了解小岗队获得丰收情况	王郁昭表态"我们地委同意你们先干三年"，小岗大包干获得地委支持

续表

调研时间	调研内容	采取方式
1979年12月13—14日	走访梨园公社小岗和前王两个生产队	开始考虑发文支持小岗队，并派政研室吴庭美同志前往小岗队撰写调研报告，上报地委和省委
1980年1月24日	陪同省委第一书记万里同志调研小岗队	万里同志表态支持小岗队大包干

　　陈庭元十数次深入小岗调查研究，每一个小岗人都发自内心的赞叹"陈庭元书记真正是一个好人！""他时常都是在下面跑。"大包干带头人关友江说："陈庭元是最开明的领导，当时他要是稍微缩缩头，不出来担当，我们也就没有今天了。""如果说小岗村农民当年摁下那18个红手印，还是为了吃饱肚子的自发行为，陈庭元同志对他们的坚决支持，则是一个党员领导干部对党的事业和群众利益负责、坚持党的实事求是的基本路线做出的自觉选择，这不仅是一种勇气，更是一种信念。"①

　　正是由于凤阳县委深入调查研究，如此精心呵护，在万马竞跑的中国农村改革"赛道"上，小岗生产队由初期的跟跑者后来居上，成为领跑者，成为中国农村改革的主要发源地。

　　在万里同志的倡导下，改革之初的安徽、特别是滁县地区，调查研究蔚然成风。从推动工作看，通过大量的调查研究，及时准确地发现农业农村工作中存在的问题，观察农村改革中出现的各种社会现象，及时总结农村改革发展的新鲜经验，密切党群干群关系，集聚民心民

---

　　①　陈新兴：《土地之子——陈庭元纪念文集》，安徽人民出版社2009年版，第2页。

力，凝聚起了各方改革共识。从农村改革宏观发展历程看，通过调查研究，抓住了时代主题变换、中国改革开放大势、我们党解放思想、拨乱反正这个"天时"；通过调查研究，顺应了农村基层干群摆脱贫困的强烈渴求及其伟大创造这个"地利"；通过调查研究，促进了党和群众、中央和地方共同推进社会发展这个"人和"。完全可以说，重视调查研究，是安徽农业大包干的谋事之基、成事之道。

（二）始终尊重农民自主权，维护农民合法权益

1. 大历史观的一个基本观点：坚持以人民为中心的发展思想

坚持大历史观，就要立足人的自身发展来审视社会历史发展，依靠人民群众创造历史伟业。作为大历史观的理论源头的马克思主义，把人类历史依据人的发展状况划分为三种社会形态，即人的依赖性社会（包括原始社会、奴隶社会、封建社会的古代共同体）、物的依赖性社会（资本主义社会的货币共同体）、人的全面发展的社会（共产主义社会的自由人联合体），其核心是从人类社会发展的长历史过程来探寻全人类彻底解放。其中，"主体发展困境"理论是马克思社会发展理论的一个重要内容。马克思认为，对于人的发展而言，资本主义生产方式的确立，一方面在一定程度上打破了以前的旧体制中存在的人身依附关系，实现了人的一定形式的解放，也就促成了具有独立性的人的生成，这个独立性就是摆脱了人身依附关系，劳动者具有了出卖自己（劳动力）的自主性，因而大大促进了人的发展，这是历史的进步；另一方面，它在打破旧枷锁的同时，又给人套上了新的枷锁，从而出现了新的主体发展困境。这种人的发展困境主要表现在人与自然、人与

社会，尤其是人自身发展的三大矛盾困境上。马克思在揭示资本主义主体发展困境的同时，也深刻地认识到，无论资本主义怎么发展、怎么变革，都始终无法摆脱这个困境。要破解这个困境，唯一路径就是消灭资本主义制度，砸烂旧世界，创造新世界。

社会主义民主制度的建立，为从根本上破解人的发展的"现代困境"提供了前提条件。中国共产党人历经千辛万苦和不懈奋斗，建立起了人民当家作主的政权基础和制度基础，实现了中国人民站起来的伟大飞跃。在改革开放和社会主义现代化建设历史新时期，中国共产党人创立并不断丰富发展中国特色社会主义，实现了中国人民富起来的伟大飞跃。党的十八大以来，以习近平同志为核心的党中央，始终坚持以人民为中心的发展思想，迎来了中华民族强起来的伟大飞跃。其中，农业农村发展中，能不能充分调动广大农民群众的主动性、创造性就是一个关键问题。正是农民一次又一次的改革创造和成功实践，才创造了中国农村改革发展的一个又一个奇迹。因此，农村改革发展必须坚持以人民为中心的原则，尊重农民意愿和创造精神，维护和发展农民利益。

2. 安徽农村改革的一个现实突破口：尊重农民自主权

安徽农村改革的突破口，就是落实党的农村经济政策，尊重生产队的自主权。从滁县地委把尊重生产队自主权写入"地委六条"，到安徽"省委六条"中把它独立成段更加凸显出来，显然是抓住了"自主权"这个农村发展的关键性矛盾。万里同志指出："尊重生产队的自主权，说到底，是一个对待群众的态度问题，是把群众当作真正的英雄还是当作'阿斗'的一个原则性问题。"[1]群众有了自主权，就一定会不顾国家、不顾集体，就一定会有私无公、私而忘公甚至为私损公吗？因为某些同志看不到国家、集体和人民群众根本利益上的一致性，"主要原因是这些同志的头脑里有个不相信群众的观念在作祟"。[2]

只有从理论与实践的结合上，真正解决了相信群众的问题，才能从根本上提高尊重群众自主权的自觉性。

沿着"尊重生产队的自主权"这个改革突破口，继续把自主权下放到生产队之下的"生产小组"，于是就出现了"包产到组"和"包干到组"，而且这个组也越来越小，直至出现"三户组""两户组"，甚至"一户组"和"明组暗户"。把"自主权"再由"组"往下落实，于是就出现了"包产到户"和"包干到户"。小岗"包干到户"实现了社会主义制度下农民生产"自主权"的真正落实。现在我们回顾这个过程，是多么自然而然、顺理成章，符合事物发展由易到难、逐步推进的基本逻辑。

四、新时代新征程需要继续弘扬小岗大包干所展现的改革精神

小岗大包干蕴含的精神品格历久弥新、永不过时。自1978年小岗村包干到户的大胆实践拉开了中国农村改革的伟大序幕，小岗大包干

---

[1] 《万里文选》，人民出版社1995年版，第104页。

[2] 《万里文选》，人民出版社1995年版，第104页。

展现的精神品格就一直激励着人们在改革创新的道路上不断开拓前进。在新时代新阶段开启全面建设社会主义现代化国家的新征程上，在全面推进乡村振兴的宏伟历史过程中，必须继续弘扬小岗大包干蕴含的精神品格，发挥好改革的突破和先导作用，依靠改革应对变局、开拓新局。

（一）要在传承弘扬小岗大包干蕴含的精神品格中汲取信仰力量

"先立乎其大者，则其小者不能夺也。"理想信念高于天。在每个历史阶段，无论面对怎样的艰难险阻，中国共产党人从来没有放弃对信仰的追求，初心使命成为我们党战胜一切困难的内在动力。我们要把小岗大包干蕴含的精神品格渗进血液、浸入心扉，从中汲取强大的信仰力量，深刻领悟"两个确立"的决定性意义，增强"四个意识"、坚定"四个自信"、做到"两个维护"；我们要把小岗大包干蕴含的精神品格当作"清醒剂"，始终清醒认识中国共产党"是什么、要干什么"这个根本性问题，始终清醒牢记"为人民谋幸福、为民族谋复兴"的初心使命，做共产主义远大理想和中国特色社会主义共同理想的坚定信仰者、忠实实践者。

（二）要在传承弘扬小岗大包干蕴含的精神品格中砥砺担当作为

小岗大包干蕴含的精神品格展现着我们党的信仰、宗旨和追求，记录着党和人民的血肉关系。从小岗村村民"敢为人先"的锐气，到凤阳县委的"敢于保护"的勇气；从滁县地委"敢于报户口"的风险担当，到安徽省委"敢于给户口"的历史承担，其中镌刻着我们党"全心全意为人民"的执着追求，记录着人民群众"坚定跟党走"的情感依附、精神归宿。我们要把小岗大包干蕴含的精神品格当作奋斗人生的"营养剂"，提升能力素质，敢于担当、善于担当，善作善成，为自己的奋斗人生增添无穷的精神力量。

（三）要在传承弘扬小岗大包干蕴含的精神品格中激发改革潜能

党员领导干部既要政治过硬，也要本领高强。我们要把小岗大包干蕴含的精神品格当作能力提升的"教科书"，从小岗大包干蕴含的精神品格的传承中，获得提升能力素质的样板力量，既要激发改革勇气，更要激发改革潜能。一是着力提升学习分析能力，善于学习、勇于实践，克服"本领恐慌"，依靠学习走向未来，以学明志，以学强能，以学促干。二是着力提升政治能力，切实增强"四个意识"、坚定"四个自信"、做到"两个维护"，自觉在思想上政治上行动上同党中央保持高度一致。三是着力提升改革创新能力，滁州是改革创新的热土，特别是要从小岗大包干蕴含的精神品格中汲取改革创新动力，保持锐意进取的精神风貌，善于结合实际创造性推动工作。四是着力提升推动科学发展能力，正确把握新发展阶段，善于贯彻新发展理念，积极构建新发展格局，推动滁州高质量发展。五是着力提升增强依法执政本领。六是着力提升增强群众工作本领。七是着力提升狠抓落实本领，坚持说实话、谋实事、出实招、求实效。八是提升斗争本领，敢于斗争、善于斗争，有效驾驭风险，善于处理各种复杂矛盾，牢牢把握工作主动权。

（四）要在传承弘扬小岗大包干蕴含的精神品格中感悟为民情怀

坚持人民主体地位，站稳人民立场，始终走群众路线，既是政治本色，又是根本科学方法。要把小岗大包干蕴含的精神品格当作人民情怀的"滋补剂"，坚持人民至上、紧紧依靠人民、不断造福人民、牢牢植根人民，切实把全心全意为人民服务的根本宗旨落到实处。坚持把人民对美好生活的向往作为奋斗目标，着力在融入新发展格局上展现更大作为，在创新驱动发展上迈出更大步伐，在社会文明程度上得到更大提高，在治理效能上实现更大提升，在全面从严治党上取得更大成效。

（五）要在传承弘扬小岗大包干蕴含的精神品格中强化党建引领乡村振兴

党的基层组织是党在社会基层组织中的战斗堡垒，是党的全部工作和战斗力的基础，担负着组织群众、宣传群众、凝聚群众、服务群众的重任。如何抓党建促乡村振兴，既是一个重大的理论课题，也是一个重大的实践难题。我们要在传承弘扬小岗大包干蕴含的精神品格中，提升理论研究和实践探索的勇气与智慧，夯实基层党组织政治功能和组织力，提高基层党组织在地方改革发展中把方向、谋大局、定政策、促改革的能力，调动各方面积极性，克服诸如"以考核代替党

建""以党务代替党建""以指数代替实效"等不足，避免党建与中心
工作"两张皮"现象，小心防范党的领导被弱化、淡化，警惕"党建
引领"泛化、虚化现象，做到党建工作与乡村振兴相互融合、相互协
调、相互促进，切实发挥党建引领作用。

结束语：学习贯彻习近平总书记考察小岗村重要讲话精神，谱写发展新篇章

传承弘扬小岗大包干蕴含的精神品格，关键在于用心、用情、用力。一是要加强学术研究，既要有理论研究的热度，更要有理论研究的高度；二是要加强实践宣传，既要从文化思想深处去感染人、说服人、教育人，使之成为一种精神理念、一种价值追求、一种工作常态；更要从战略规划高度去实践推行，使小岗大包干创举的教育、示范、引领功效进一步展现出来，为全面推进乡村振兴提供强大的精神动力。

其中一个根本任务，就是学习贯彻习近平总书记关于"三农"工作的重要论述，特别是学习领悟习近平总书记考察小岗村时的重要讲话精神，从中汲取乡村振兴的智慧和力量。

2016年4月25日，习近平总书记亲临安徽凤阳小岗村考察，对小岗村的发展，对中国农村改革作出高瞻远瞩的根本性指导。重温总书记在小岗村的系列讲话，思想领悟更深，发展方向更明。

一、牢记中国农村改革的历史经验："对农村改革的成功实践和经验，要长期坚持、不断完善"

中国农村改革的成功实践积累了丰富历史经验，其中，首要的、根本性的历史经验就是坚持解放思想、实事求是。万里同志在回顾安

徽农村改革时曾指出：解放思想、实事求是，是"两年来我省各项工作能够冲破一些不切实际的条条框框，不断向前发展的关键所在"。

在新时代继续解放思想、实事求是，关键在于保持自信自强、守正创新的精神状态。这就要求我们从党的思想路线高度来认识和把握"守正创新"。在自信中自强，坚定推动乡村振兴的决心与信心，有效应对实现乡村振兴的困难与挑战；在守正中创新，根本在于坚定马克思主义信仰，从当代中国的马克思主义、21世纪的马克思主义中汲取科学智慧和真理力量。

二、谨记对待农民群众的基本准则："尊重农民意愿和维护农民权益"

新中国成立初期的农村工作中，在对待农民的基本准则上出现过较大偏差，集中体现为两个方面：一是组织形式变化太快，管理过于集中单一，生产"大呼隆"，"浮夸风"盛行；二是分配形式上搞平均主义"大锅饭"，导致农民应有的自主权没有得到尊重，生产积极性低落，效率低下。改革开放40多年，党中央一直坚持保障农民经济利益，尊重农民民主权利。

2016年4月，习近平总书记考察小岗村时从战略高度提出"强农""美农""富农"的目标任务："中国要强农业必须强，中国要美农村必须美，中国要富农民必须富"；强调新形势下深化农村改革的主线仍然是处理好农民和土地的关系："要顺应农民保留土地承包权、流转土地经营权的意愿"；强调要"尊重农民意愿和维护农民权益，把选择权交给农民，由农民选择而不是代替农民选择"；强调各项改革"不搞强迫命令、不刮风、不一刀切"；强调不管怎么改，"不能把农民利益损害了"等，这些都是正确对待农民的基本准则的具体要求，我们要时刻谨记。

三、切记推动乡村振兴的根本法则：贯彻"三个坚定不移"

习近平总书记在小岗村召开的农村改革座谈会上指出："坚定不移深化农村改革，坚定不移加快农村发展，坚定不移维护农村和谐稳定。"在乡村振兴航程中，深化改革是乡村振兴的动力之源，加快发展是乡村振兴的破浪之帆，和谐稳定是乡村振兴的行舟之锚。"三个坚定不移"揭示了乡村振兴的科学规律，蕴含着指导中国农村改革、发展、稳定的大智慧。

贯彻"三个坚定不移"，根本在于弘扬农业大包干的精神气质来进一步深化农村改革。

贯彻"三个坚定不移"，核心在于运用市场逻辑来进一步加快发展。乡村振兴必须放在社会主义市场经济这个体制下思考，既要坚持农村集体经济制度的社会主义性质不动摇，又必须遵循市场经济逻辑，按照市场经济规律办事。在农村全面发展特别是产业发展中，一直存在着政府"行为"和农民"行为"两者难以同频共振的矛盾。要在保证粮食安全的前提下，从维护农民独立的经济利益、财产权利开始，有效引导农户在市场竞争中作出恰当的自主选择，充分发挥各类市场主体自身要素禀赋、比较优势，勇于入链、建链、延链、补链、强链，完善乡村现代产业体系。

贯彻"三个坚定不移"，关键在于提升基层党组织的组织力来维护乡村和谐稳定。农村和谐稳定是广大农民切身利益，农村基层党组织是乡村治理体系的核心，也是中国乡村治理的最大优势所在、底气所在。必须稳定发挥其在农民群众中的政治领导力、思想动员力、社会号召力、发展推动力等作用，切实履行好党章规定的组织群众、宣传群众、凝聚群众、服务群众的职责，做到群众有所求"有求必应"，组织有主张"一呼百应"。

四、发挥乡村振兴的制度优势原则："党管农村工作"

办好农村的事，关键在党；党管农村工作是我们最大的制度优势。习近平总书记在考察小岗村时特别强调："党管农村工作是我们的传统，这个传统不能丢。"一是各级党委要依据《中国共产党农村工作条例》，加强对乡村振兴工作的领导；二是各级领导干部要深入基层了解农民诉求和期盼，真心实意帮助农民解决生产生活中的实际问题，做广大农民的贴心人；三是加强农村基层党组织建设，使之成为"落实党的政策、带领农民致富、密切联系群众、维护农村稳定"的坚强领导核心；四是完善"五级书记"抓乡村振兴的体制机制，认真履行第一责任人职责，切实把党管农村工作的各项要求落到实处。

五、大力推动农旅融合发展，助力乡村全面振兴

习近平总书记在小岗村考察时有一个重要场景令人记忆深刻：在小岗村严金昌（大包干带头人之一）家经营的农家菜馆"金昌食府"考察时，总书记高兴地对严金昌和围观的群众说："农家乐，乐农家！"这六个字大有深意，既饱含总书记对小岗村民的特别关心，洋溢着浓

浓的人民情怀，更是总书记对于地方党和政府着力"富农""强农""美农"的明确要求。深刻领悟习近平总书记的重要讲话精神，对于进一步深化农村改革、着力创新、推动乡村全面振兴意义重大。

要从乡村全面振兴高度认识"农家乐"。实施乡村振兴战略，是党中央的重大决策部署，是新时代"三农"工作的总抓手。其中，休闲农业与乡村旅游产业的进一步融合发展，成为推进乡村全面振兴的重要方向。"农家乐"这种经营形式，发挥农村特色风光和乡间庭院特色资源相对优势，构建独具农家情怀特点和田园乐趣的经营模式，以提供乡间特色风光、风情、风味和农家菜肴为主导，开展多种乡村文化、娱乐、休闲活动，尤其具有典型代表意义。一是它深深融入农村生活环境，紧紧贴近农业生产方式，食材新鲜环保还相对便宜，直接把农业生产的"一产"转化为服务业的"三产"，实现了农民角色瞬间转换和产业跨越；二是以"农家乐"为典型代表的民宿、休闲观光农业等新业态的资金规模、技术难度、管理难易程度、人才素质要求等相对简单容易、门槛较低，农民自主或参与创业较为容易，试错成本不高；三是"农家乐"服务对象主要是城市居民，满足他们到乡村休闲愉乐、回味寻根等多种需求，对于促进城乡居民生活互动有直接功效，效果立竿见影。可见，"农家乐"是农村经济发展的重要产业，对提高村民收入、促进乡村全面振兴有积极作用。

要从党的价值导向视角体现"乐农家"。人民性是马克思主义政党的第一位属性。在小岗村考察时，习近平总书记从战略高度提出"强农""美农""富农"的目标任务，其中蕴含着党的农村工作的价值导向。2024年中央一号文件关于乡村产业发展提出的"产业兴农、质量兴农、绿色兴农"要求，其落脚点都在"兴农"上。具体工作上，要让"农家乐"成为村民致富的一种方式，推动村民成为"农家乐"的主角和积极参与者，不能成为"农家乐"的旁观者，尤其要注意防范和纠正各种损农抑农、侵占农村资源、侵犯农民权益的现象。

要以创新发展精神贯彻"农家乐、乐农家"。"农家乐"在快速发展的同时，也暴露出不少问题，如服务不到位，营销状况差，宣传渠道少，文化融合度低，低质、同质化竞争严重等。随着经济社会快速发展和消费者需求品质不断提升，"农家乐"也必然需要转型升级。如何转型升级，需要继续发扬当年小岗大包干"中国改革的一声惊雷"所蕴含的"改革创新、敢为人先"的精神品格。

2024年中央一号文件明确提出，实施乡村文旅深度融合工程，推进乡村旅游集聚区（村）建设，培育生态旅游、森林康养、休闲露营等新业态，推进乡村民宿规范发展、提升品质。这为推进以"农家乐"为典型代表的乡村文旅产业发展指明了路径。可以从规范经营主体、加大基础设施建设、加大智慧营销力度、注意生态环境保护、注重品质提升、建立人才保障机制等全方位着力，特别是着力在"食、住、行、游、购、娱、文"七个方面的消费链条上深挖特色，满足游客日益增长的个性化需求。

我们要深入学习贯彻习近平总书记关于推动乡村振兴的重要论述，特别是以习近平总书记考察小岗村重要讲话精神为指导，准确把握新时代农村改革发展的历史方位、历史逻辑、历史大势，推动新时代新阶段农村改革再出发，进一步提升党组织的引领力，激发群众的创造力，谱写乡村振兴新篇章。

参考文献

[1] 陈怀仁, 夏玉润. 起源: 凤阳大包干实录 [M]. 合肥: 黄山书社, 1998.

[2] 王立新. 要吃米, 找万里: 安徽农村改革实录 [M]. 北京: 北京图书出版社, 1999.

[3] 王乃蚕. 凤阳农村六十年 [M]. 合肥: 安徽文艺出版社, 2015.

[4] 吴庭美, 夏玉润. 希望之路: 凤阳大包干的由来 [M]. 合肥: 安徽人民出版社, 1988.

[5] 杜润生. 中国农村改革决策纪事 [M]. 北京: 中央文献出版社. 1998.

[6] 吴象. 中国农村改革实录 [M]. 杭州: 浙江人民出版社, 2001.

[7] 吴象. 中国农村改革发展历程 [M]. 太原: 山西经济出版社, 2019.

[8] 王郁昭. 大包干与大趋势 [M]. 北京: 光明日报出版社, 1987.

[9] 王郁昭. 农村改革纵横谈 [M]. 北京: 中国科学技术出版社, 1998.

[10] 王郁昭. 尊重农民的抉择: 农村改革的实践和探索 [M]. 上海: 上海人民出版社, 1989.

[11] 柏晶伟. 为大包干报户口的人 [M]. 北京: 中国发展出版社, 2007.

[12] 钱念孙. 龙抬头: 大包干的前前后后 [M]. 南京: 江苏文艺出版社, 2008.

[13] 夏玉润. 小岗村与大包干 [M]. 合肥: 安徽人民出版社, 2005.

[14]张广友,丁龙嘉.万里[M].北京:中央党史出版社,2006.

[15]孟富林.农村改革创新亲历记[M].合肥:安徽人民出版社,2008.

[16]陆德生.细说"责任田":1961年安徽农村改革的探索与实践[M].
合肥:安徽大学出版社,2015.

[17]丁龙嘉.改革从这里起步:中国农村改革[M].合肥:安徽人民出
版社,1998.

[18]韩长赋.新中国农业发展70年.政策成就卷[M].北京:中国农业
出版社,2019.

[19]李嘉树.风起山南:安徽农村改革溯源[M].北京:社会科学文献
出版,2021.

[20]贾宏彬.小岗村40年[M].南京:江苏凤凰文艺出版社,2018.

[21]张广友.改革风云中的万里[M].北京:人民出版社,1995.

[22]崔传义.中国农村经营变革调查:上、下卷[M].太原:山西经济
出版社,2009.

[23]孙自铎.安徽农村改革实践研究[M].合肥:中国科学技术大学出
版社,2017.

[24]陈锡文.中国农村改革:回顾与展望:校订本[M].北京:知识产
权出版社,2020.

[25]陈锡文.罗丹,张征.中国农村改革40年[M].北京:人民出版社,
2018.

[26]陈新兴.土地之子:陈庭元纪念文集[M].合肥:安徽人民出版社,
2009.

[27]全国人大常委会办公厅万里论著编辑组.万里论农村改革与发展

[M].北京：中国民主法制出版社，1996.

[28]安徽省委党史研究室.安徽农村改革口述史[M].北京：中共党史出版社，2006.

[29]滁州市地方志办公室.滁州农业大包干[G].合肥：安徽人民出版社，2015.

[30]滁州市政府发展研究中心.中国农村改革源头志[M].合肥：黄山书社，1996.

[31]安徽省经济文化研究中心，安徽省政协文史资料委员会.1961年推行"责任田"纪实[M].北京：中国文史出版社，1990.

[32]中共滁州市委党史和地方志研究室.中国共产党安徽省滁州历史：第二卷　1949—1978[G].北京：中共党史出版社，2020.

[33]滁州市地方志编纂委员会.滁州市志：第二册[M].北京：方志出版社，2013.

[34]中共滁州市委党史和地方志研究室.中国共产党滁州历史大事记1921—2021[M].北京：中共党史出版社，2021.

[35]安徽省政协文史资料委员会.破土：安徽农村改革之路[M].合肥：安徽人民出版社，2018.

后　记

党的十八大以来，全面深化改革是党治国理政的重要战略部署。被誉为"中国改革的一声惊雷"的小岗大包干，一直处于各级领导、广大群众，尤其是理论研究者的关注焦点。在实施乡村振兴战略、推动乡村全面振兴的新征程上，如何准确认定其历史地位、深度把握其生成逻辑、充分利用其时代价值，是一个重要课题，研究者甚多，笔者只是来自于基层的一位学习者。

时光飞逝，自2021年承担安徽省哲学社会科学规划办关于小岗大包干的相关研究课题以来，两年多过去了。虽然作了多次实地调研，查阅了不少原始档案资料，走访了一些当年的亲历者、参与者、见证者、决策者，数次请教专家学者，虽然也曾挑灯夜战读书数十卷，但是，由于自己确实能力有限、见解不够、创作不勤，导致研究成果稀稀，心情虚虚，幸好有所感悟、有点创新的研究报告在相关领导和同志们的关心帮助下得以出版，以此供各位专家和同行鉴批，也是一大荣耀。

专题学习和研究过程中，安徽省哲学社会科学规划办公室的各位老师给予了足够的关心和推动，安徽小岗干部学院、滁州市档案局、凤阳县党史办、凤阳县档案局等单位和部门给予了很多方便和帮助，参与课题研究的老师们在实地调研、访谈、资料查阅、文稿撰写与纠错等方面付出了大量心血，特别是中共滁州市委党校（滁州市行政学院）的现任领导班子和各位同事给予了决定性的鼎力支持，在此一并表示衷心的感谢！也借此机会对国家行政学院出版社老师们的辛勤付出表示衷心的感谢！

李邦松

2024年6月